"一带一路"贸易投资大数据报告

Big Data Report of Trade&Investment on the Belt and Road

（2019）

刘欣欣 刘广丹 著

大连理工大学出版社

图书在版编目(CIP)数据

"一带一路"贸易投资大数据报告. 2019 / 刘欣欣, 刘广丹著. — 大连 : 大连理工大学出版社,2019.12
ISBN 978-7-5685-2435-3

Ⅰ. ①一… Ⅱ. ①刘… ②刘… Ⅲ. ①"一带一路" —国际贸易—国际投资—研究报告—2019 Ⅳ. ①F74

中国版本图书馆 CIP 数据核字(2019)第 278218 号

"YIDAI YILU" MAOYI TOUZI DASHUJU BAOGAO(2019)
"一带一路"贸易投资大数据报告(2019)

出版发行:大连理工大学出版社
   (大连市软件园路 80 号 邮政编码:116023)
印 刷:上海利丰雅高印刷有限公司
幅面尺寸:185mm×260mm
印 张:8
字 数:162 千字
出版时间:2019 年 12 月第 1 版
印刷时间:2019 年 12 月第 1 次印刷
策 划:金英伟
责任编辑:邵 婉 朱诗宇
责任校对:王 元
封面设计:奇景创意

ISBN 978-7-5685-2435-3
定 价:128.00 元

电 话:0411-84708842
传 真:0411-84701466
邮 购:0411-84708943
E-mail:dutp@dutp.cn
URL:http://dutp.dlut.edu.cn

本书如有印装质量问题,请与我社发行部联系更换。

课题组

策 划 人：童友俊　大连瀚闻资讯有限公司总经理

指导专家：姜文学　东北财经大学国际经济贸易学院教授
　　　　　牟逸飞　东北财经大学国际经济贸易学院副教授

执 笔 人：刘欣欣　大连瀚闻资讯有限公司高级研究员
　　　　　刘广丹　大连瀚闻资讯有限公司研究员

数据支持：林　路　大连瀚闻资讯有限公司数据工程师
　　　　　王　丽　大连瀚闻资讯有限公司数据分析师
　　　　　李　艳　大连瀚闻资讯有限公司数据分析师

前　言

2019年,第二届"一带一路"国际合作高峰论坛在北京举行,这次具有标志性意义的国际盛会是中国在2019年最重要的主场外交。"一带一路"倡议提出六年来成绩斐然、硕果累累,已成为当今世界广泛参与的国际合作平台和普受欢迎的公共产品。共商共建共享这一黄金法则得到广泛认同,"六廊六路多国多港"的合作格局基本成型,一大批互联互通项目成功落地。2018年是共建"一带一路"取得新的重要进展的一年,中国与沿线国家之间的贸易合作规模进一步提升,且增速高于中国整体外贸增速;中国与沿线国家之间投资合作稳步推进;普通民众的参与感、获得感和幸福感也越发明显。"一带一路"倡议顺应了和平、发展、合作、共赢的时代潮流,有利于扩大国际贸易和跨国投资规模,创造更多的市场需求和就业机会,为发展开放型世界经济注入了更为持久的新动力。

利用大数据技术加强对"一带一路"国家经贸合作信息的采集、分析、发布和传播,是推进经贸信息互通,助力拓宽经贸领域,优化经贸结构,挖掘经贸新增长点的重要基础性工作。为进一步发挥大数据对"一带一路"建设的决策支撑作用,我们继《"一带一路"贸易合作大数据报告(2017)》和《"一带一路"贸易合作大数据报告(2018)》后,再次组织编写《"一带一路"贸易投资大数据报告(2019)》,并出版发行。

《"一带一路"贸易投资大数据报告(2019)》较去年实现了一大突破,即在贸易分析的基础上增加了投资分析,更加全面地展现了中国与"一带一路"沿线国家的经贸合作现状;另外还用一定篇幅呈现了欧盟、美国、日本与"一带一路"沿线国家的贸易与投资现状,便于读者对比中国、欧盟、美国、日本在"一带一路"沿线国家的经贸格局,这也是本书的一个新亮点。本书逻辑清晰、内容全面,从全球与"一带一路"沿线国家,"欧盟、美国、日本、中国"与"一带一路"沿线国家,中国各省、自治区、直辖市(简称省区市)与"一带一路"沿线国家,商品结构等多个维度来分析研究,并突显了以下特色:一是广覆盖,书中涉及了64个"一带一路"沿线国家,中国31个省区市,以及欧盟、美国、日本三大经济体;二是大数据,调用了8500多种产品种类,底层数据量达3.2亿条,并以附录形式展现部分数据,以便查询;三是全方位,分析维度丰富,涵盖贸易与投资两个方面,从全球整体层面到产品层面,逐步深入,商品分类细化至HS6位编码,为有关各界提供更加详细的进出口商品数据。

本书数据翔实、图文并茂。我们希望所提供的信息与资讯能有助于各方更加全面、完整地了解"一带一路"贸易合作进展,增进各国信息互通与经贸畅通,更好地推进"一带一路"建设。由于编写时间仓促,编写人员水平有限,对报告中存在的各种不足,敬请各界领导和专家不吝指正。

课题组

2019年9月

说　明

一、沿线国家范围界定

"一带一路"沿线国家(简称沿线国家)为国家信息中心发布的《"一带一路"大数据报告(2017)》中所列出的"一带一路"沿线 64 个国家,具体国家名称及区域划分详见表 1。

表 1　　　　　　　　　　　　　　　"一带一路"沿线国家

区域(国家数量)	国家名称
东北亚地区(2)	蒙古、俄罗斯
中亚地区(5)	哈萨克斯坦、乌兹别克斯坦、土库曼斯坦、塔吉克斯坦、吉尔吉斯斯坦
东南亚地区(11)	新加坡、印度尼西亚、马来西亚、泰国、越南、菲律宾、柬埔寨、缅甸、老挝、文莱、东帝汶
南亚地区(7)	印度、巴基斯坦、斯里兰卡、孟加拉国、尼泊尔、马尔代夫、不丹
西亚北非地区(20)	阿拉伯联合酋长国、科威特、土耳其、卡塔尔、阿曼、黎巴嫩、沙特阿拉伯、巴林、以色列、也门、埃及、伊朗、约旦、叙利亚、伊拉克、阿富汗、巴勒斯坦、阿塞拜疆、格鲁吉亚、亚美尼亚
中东欧地区(19)	波兰、阿尔巴尼亚、爱沙尼亚、立陶宛、斯洛文尼亚、保加利亚、捷克、匈牙利、马其顿、塞尔维亚、罗马尼亚、斯洛伐克、克罗地亚、拉脱维亚、波斯尼亚和黑塞哥维那、黑山、乌克兰、白俄罗斯、摩尔多瓦

二、贸易企业类型划分

国有企业:海关统计中的国有企业。

外资企业:海关统计中的中外合作企业、中外合资企业和外商独资企业。

民营企业:海关统计中的集体企业和私营企业。

其他企业:海关统计中除上述企业类型以外的企业。

三、贸易金额

本书中的贸易金额均为当年美元名义金额,增长率为名义增长率,未进行平减。

四、其他

本书中统计的"中国"数据均为"中国内地"数据。

目　录

贸易篇

投资篇

附 录

贸易篇

一、沿线国家与全球贸易合作

2018 年，沿线国家对外贸易总额约为 8.9 万亿美元，占全球对外贸易总额近四分之一。沿线国家中对外贸易额排名前十的国家依次是印度、新加坡、俄罗斯、波兰、泰国、越南、马来西亚、沙特阿拉伯、土耳其、捷克；中国是其中 3 个国家的第一出口市场，7 个国家的第一进口市场。矿物燃料是沿线国家对外出口最多的产品，中国是其最大的出口目的国；电机类产品是沿线国家自全球进口最多的产品，中国也是其最大的进口来源国。

(一) 沿线国家对外贸易规模

1. 沿线国家对外贸易额占全球贸易总额近四分之一

2018 年，沿线国家 GDP① 之和约为 13.8 万亿美元，占全球 GDP 的 15.9%；人口总数约为 32.9 亿人，占全球人口的 43.4%；对外贸易总额约为 8.9 万亿美元，占全球贸易总额的 23.8%，在全球贸易版图中占据重要地位，如图 1-1 所示。

(a) GDP 占全球比例　　　(b) 人口占全球比例　　　(c) 对外贸易总额占全球比例

图 1-1　2018 年沿线国家、中国和其他国家的 GDP、人口、对外贸易总额占全球比例

(数据来源：世界银行官网、联合国贸易数据库、全球贸易观察网站)

---

① Gross Domestic Product，即国内生产总值，缩写为 GDP。

2. 印度、新加坡、俄罗斯贸易规模分列沿线国家前三位

从各沿线国家对外贸易额来看,2018 年,印度对外贸易额最高,达 8 381.3 亿美元;其次为新加坡,对外贸易额为 7 822.1 亿美元;俄罗斯、波兰分列第三和第四,对外贸易额分别为 6 874.8 亿美元、5 171.7 亿美元;其他沿线国家对外贸易额均不足 5 000 亿美元。从出口看,俄罗斯出口额最高,为 4 493.4 亿美元,其次为新加坡和印度,分别为 4 117.3 亿美元和 3 241.3 亿美元。对外贸易额排名前十位的沿线国家中,除土耳其外,出口额均大于 2 000 亿美元,如图 1-2 所示。从进口看,印度进口额最高,为 5 140.0 亿美元,其次为新加坡和波兰,分别为 3 704.8 亿美元和 2 606.3 亿美元。对外贸易额前十位的沿线国家中,除沙特阿拉伯和捷克外,进口额均大于 2 000 亿美元。

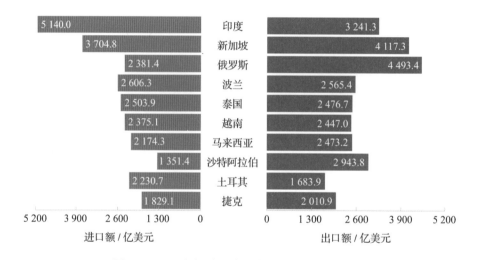

图 1-2 2018 年沿线国家对外贸易额排名前十位

(数据来源:全球贸易观察网站)

(二)沿线国家对外贸易伙伴

1.中国是新、俄、泰的第一出口市场

出口方面,在对外贸易额排名前十位的沿线国家中,中国是新加坡、俄罗斯、泰国的第一出口市场,是越南、马来西亚、沙特阿拉伯的第二出口市场,是印度的第三出口市场。从贸易额比例看,2018年,新加坡、俄罗斯、泰国、马来西亚4个国家对中国出口额比例均超过10%。从贸易额比例同比变化看,与2017年相比,印度、俄罗斯、马来西亚3个国家对中国的出口额比例有所上升;而新加坡和泰国对中国的出口额比例有所下降,但降幅不大,如图1-3所示。值得注意的是,美国是印度和越南的第一大出口市场;中国不在波兰、土耳其和捷克的前十大出口市场之列。

2.中国是7个主要沿线国家的第一大进口市场

进口方面,在对外贸易额排名前十位的沿线国家中,除波兰、土耳其和捷克外,中国是其他7个国家的第一大进口市场。从贸易额比例看,2018年,俄罗斯和泰国自中国进口的比例不少于20%;马来西亚自中国进口的比例接近20%。从贸易额比例同比变化看,与2017年相比,俄罗斯、泰国、波兰、马来西亚和捷克自中国进口的比例有所上升,捷克增幅最高,达到1个百分点;其他几个国家自中国进口的比例有不同程度的下降,如图1-4所示。

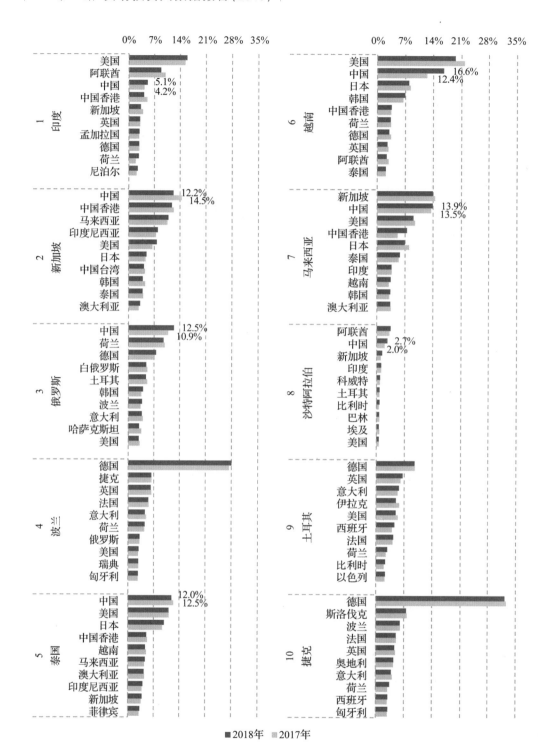

图 1-3 对外贸易额前十位沿线国家 2017—2018 年的主要出口市场①

（数据来源：全球贸易观察网站）

① 越南和沙特阿拉伯出口额为 2016 年和 2017 年的数据；图中"中国"的数据指"中国内地"的数据。

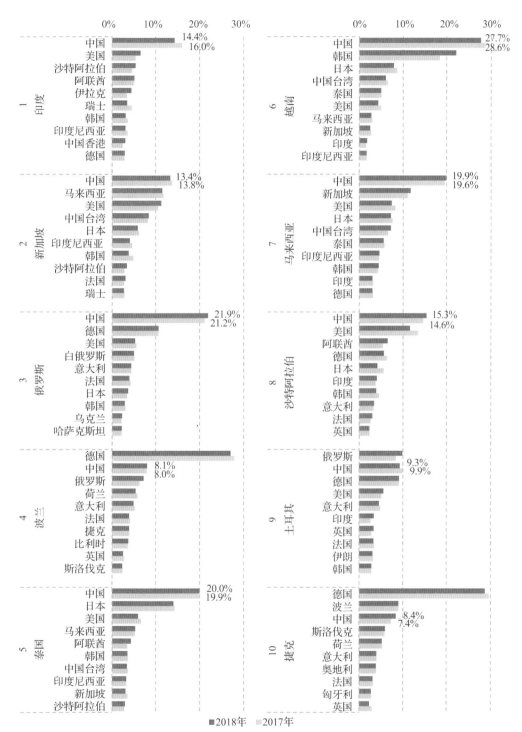

图 1-4　对外贸易额前十位沿线国家 2017—2018 年的主要进口市场①

（数据来源：全球贸易观察网站）

① 越南和沙特阿拉伯进口额为 2016 年和 2017 年的数据；图中"中国"的数据指"中国内地"的数据。

(三)沿线国家对外贸易产品

1. 矿物燃料出口额最高,钢铁出口增幅大

从出口看,海关产品分类 HS 编码 27 章(矿物燃料、矿物油及其蒸馏产品;沥青物质;矿物蜡)是沿线国家对外出口额最大的商品类别,2017 年出口额为 9 823.4 亿美元,较 2016 年增长 27.8%;其次为 85 章(电机、电气设备及其零件;录音机及放声机、电视图像、声音的录制和重放设备及其零件、附件),2017 年出口额为 5 023.7 亿美元,如图 1-5 所示。从出口额同比增速看,排名前十的商品出口额较 2016 年均呈现不同程度的增长,其中 72 章(钢铁)增幅最大,达到 40.3%。

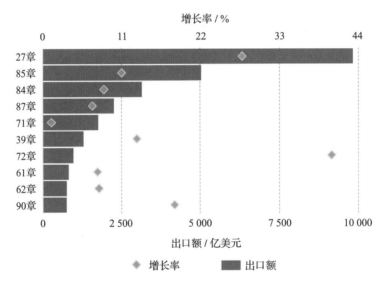

图 1-5 2017 年沿线国家对外出口额前十位商品

(数据来源:全球贸易观察网站)

2. 机电类产品进口额最高,前十位产品进口额均有上升

从进口看,如图 1-6 所示,85 章(电机、电气设备及其零件;录音机及放声机、电视图像、声音的录制和重放设备及其零件、附件)是沿线国家进口额最大的商品类别,2017 年进口额为 6 087.1 亿美元;其次为 27 章(矿物燃料、矿物油及其蒸馏产品;沥青物质;矿物蜡),进口额为 5 067.1 亿美元,较 2016 年增长 36.5%。排名前十的商品进口额均较 2016 年有不同程度的增长,71 章(天然或养殖珍珠、宝石或半宝石、贵金属、包贵金属及其制品;仿首饰;硬币)和 72 章(钢铁)的增长率均超过 20%,增速分别为 30.3% 和 20.1%。

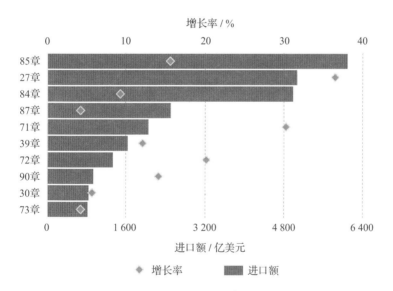

图 1-6　2017 年沿线国家自全球进口额前十位商品

(数据来源:全球贸易观察网站)

二、欧盟①、美国、日本与沿线国家贸易合作

2018 年,欧盟、美国、日本与沿线国家贸易规模分别为 13 758.5 亿美元、6 233.2 亿美元、4 100.8 亿美元,占各自与全球贸易总额的比例分别为 29.0%、14.8%、27.7%,其中欧盟与沿线国家的贸易规模和占比均高于中国。美国和日本与沿线国家贸易额较 2017 年有明显增长,增速均在 10% 左右。欧盟、美国、日本与沿线国家的贸易多集中在东南亚地区和西亚北非地区,在贸易产品结构上也较为相似。对沿线国家出口方面,机电产品、运输设备均占据较大份额;进口方面,主要集中在矿产品、机电产品、纺织品及原料。从贸易互补性来看,欧盟、美国、日本、中国出口与沿线国家进口总体贸易互补性指数比较相近;欧盟、美国出口与沿线国家进口武器、弹药及其零件贸易互补性最高;日本出口与沿线国家进口运输设备贸易互补性最高。

(一)欧盟、美国、日本与沿线国家贸易规模

1. 欧盟和日本对沿线国家出口占各自出口总额比例均超过两成

2014—2018 年,欧盟、美国、日本对沿线国家的出口额均以 2016 年为分界点呈先降后升的趋势,如图 2-1 所示。2018 年,欧盟对"一带一路"沿线非欧盟国家出口额达 6 417.6 亿美元,较 2017 年增长 3.7%,其中德国、意大利、英国、法国、荷兰 5 个国家出口额合计所占比例高达 63.6%;美国对沿线国家出口额为 2 311.9 亿美元,较 2017 年增长 9.4%;日本对沿线国家出口额为 1 724.6 亿美元,较 2017 年增长 9.1%。

从所占比例来看,2018 年,欧盟对"一带一路"沿线非欧盟国家出口额占其对全球非欧盟国家(地区)出口额的比例高达 27.0%,但较 2017 年下降 1.4 个百分点;日本对沿线国家出口额占其对全球出口额的比例为 23.5%,较 2017 年上升

---

① 欧盟与沿线国家的贸易数据中,沿线国家不包括其中涉及的欧盟国家。

0.8个百分点;美国对沿线国家出口额占其对全球出口额的比例为13.9%,较2017年上升0.2个百分点,如图2-2所示。

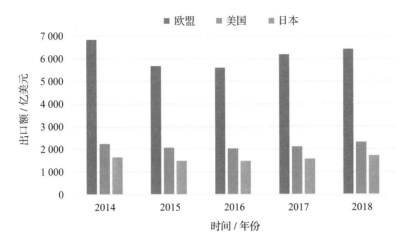

图2-1　2014—2018年欧盟、美国、日本对沿线国家出口额

(数据来源:全球贸易观察网站)

图2-2　2014—2018年欧盟、美国、日本对沿线国家出口额占其对全球出口额比例

(数据来源:全球贸易观察网站)

2.欧盟和日本自沿线国家进口占各自进口总额比例达三成

2014—2018年,欧盟、美国、日本自沿线国家进口额变化趋势也相同,均先降后升,如图2-3所示。2018年,欧盟自"一带一路"沿线非欧盟国家进口额达7 340.9亿美元,较2017年增长14.6%,其中德国、荷兰、意大利、英国、法国5个国

家进口额比例合计为 57.9%;美国自沿线国家进口额为 3 921.3 亿美元,较 2017 年增长 11.3%;日本自沿线国家进口额为 2 376.2 亿美元,较 2017 年增长 15.9%。

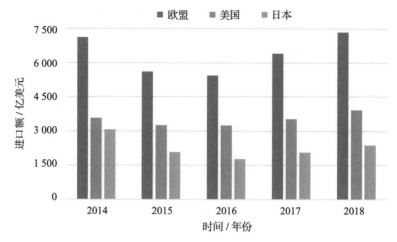

图 2-3 2014—2018 年欧盟、美国、日本自沿线国家进口额

(数据来源:全球贸易观察网站)

从占比来看,近两年,欧盟、美国、日本自沿线国家进口额占其自全球进口额的比例均呈增长的趋势。2018 年,日本自沿线国家进口额占其自全球进口额的比例高达 31.9%,较 2017 年上升 1.3 个百分点;欧盟自"一带一路"沿线非欧盟国家进口额占其自全球非欧盟国家(地区)进口额的比例也达到 31.0%,较 2017 年上升 0.9 个百分点;美国自沿线国家进口额占其自全球进口额的比例为 15.4%,较 2017 年上升 0.4 个百分点,如图 2-4 所示。

图 2-4 2014—2018 年欧盟、美国、日本自沿线国家进口额占其自全球进口额比例

(数据来源:全球贸易观察网站)

3.欧盟、美国、日本对沿线国家贸易均呈现逆差

2014—2018年,美国、日本对沿线国家贸易均表现为逆差;美国对沿线国家的贸易逆差自2015年起呈逐年上升的趋势,2018年贸易逆差达到近5年最高点,为1 609.5亿美元;日本对沿线国家贸易逆差在2016年降至最低点,随后开始反弹,2018年贸易逆差反弹至651.6亿美元。2014年以来,欧盟对"一带一路"沿线非欧盟国家贸易在2015年和2016年出现少量的顺差,随后又开始呈现逆差,2018年逆差额高达923.2亿美元,如图2-5所示。

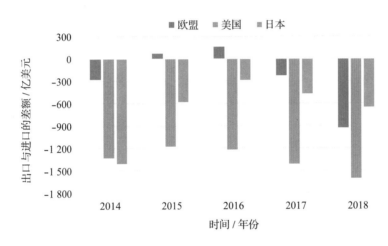

图2-5　2014—2018年欧盟、美国、日本对沿线国家贸易出口与进口的差额

(数据来源:全球贸易观察网站)

(二)欧盟、美国、日本与"一带一路"沿线各区域贸易额

1.欧盟、美国、日本对沿线国家出口主要集中在东南亚和西亚北非地区

2018年,欧盟对"一带一路"沿线非欧盟国家出口额的43.4%集中在西亚北非地区;美国对沿线国家出口额的37.3%集中在东南亚地区,35.0%集中在西亚北非地区;东南亚地区是日本对沿线国家出口的重要市场,占日本对沿线国家出口额的66.1%。

从"一带一路"沿线各国家来看,欧盟对"一带一路"沿线非欧盟国家中的俄罗斯出口额最高,达到1 000.4亿美元,较2017年增长3.2%,占欧盟对"一带一路"

沿线非欧盟国家出口额的 15.6％；其次是土耳其,出口额为 911.3 亿美元,较 2017 年下降 4.0％,比例为 14.2％。美国对新加坡出口最多,其次是印度,出口额分别为 331.4 亿美元、331.2 亿美元,分别较 2017 年增长 11.4％、28.9％,占美国对沿线国家出口额比例均在 14.3％左右。日本对"一带一路"沿线出口的前五大国家均在东南亚地区,其中对泰国的出口额最高,达 321.3 亿美元,较 2017 年增长 9.5％,占日本对沿线国家出口额的 18.6％；对新加坡出口额居第二位,为 233.4 亿美元,较 2017 年增长 3.3％,比例为 13.5％,如图 2-6 所示。

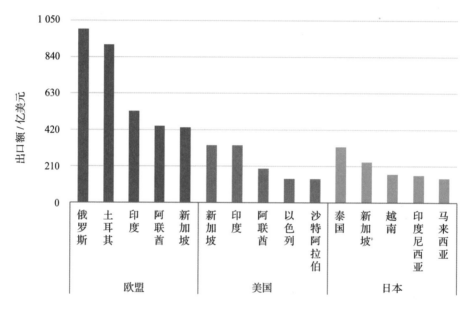

图 2-6 2018 年欧盟、美国、日本对沿线国家出口额排名前五位国家

(数据来源:全球贸易观察网站)

2. 美国、日本自沿线国家进口多来自东南亚地区,欧盟进口多来自西亚北非地区

2018 年,欧盟自"一带一路"沿线非欧盟国家进口额的 30.7％来自西亚北非地区,24.4％来自东北亚地区,22.2％来自东南亚地区；东南亚地区也是美国和日本自沿线国家进口的主要市场,美国和日本自东南亚进口额占各自从沿线国家进口总额的 47.4％、47.1％。

从沿线各国家来看,欧盟自"一带一路"沿线进口额最多的非欧盟国家是俄罗斯,进口额高达 1 789.9 亿美元,较 2017 年增长 20.8％,占欧盟自"一带一路"沿线非欧盟国家进口额的 24.4%;其次是土耳其,进口额为 895.0 亿美元,较 2017 年增长 14.1%,所占比例为 12.2%。美国自印度进口额最高,为 544.1 亿美元,较 2017 年增长 11.9%,占美国自沿线国家进口总额的 13.9%;自越南进口额居第二位,为 492.1 亿美元,较 2017 年增长 5.9%,所占比例为 12.5%。日本自沙特阿拉伯进口额最高,为 336.6 亿美元,较 2017 年增长 21.6%,占日本自沿线国家进口总额的 14.2%;自阿联酋进口额居第二位,为 274.6 亿美元,较 2017 年大幅增长 32.7%,所占比例为 11.6%,如图 2-7 所示。

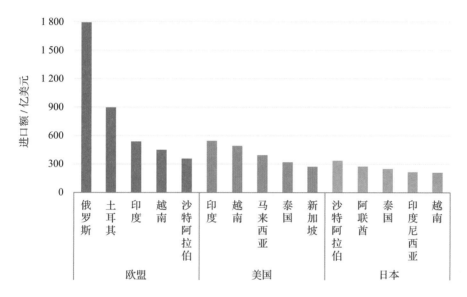

图 2-7　2018 年欧盟、美国、日本自沿线国家进口额排名前五位国家

(数据来源:全球贸易观察网站)

(三)欧盟、美国、日本与沿线国家贸易品类

1.欧盟、美国、日本对沿线国家出口最多的均为机电产品

2018 年,欧盟、美国、日本对沿线国家出口最多的产品均为第 16 类[①](机器、机械器具、电气设备及其零件;录音机及放声机、电视图像、声音的录制和重放设备

---

①　第 16 类产品包括海关产品分类 HS 编码中的第 84 章(核反应堆、锅炉、机器、机械器具及零件)和 85 章(电机、电气设备及其零件;录音机及放声机、电视图像、声音的录制和重放设备及其零件、附件),其中欧盟 84 章、85 章出口额分别为 1 262.8 亿美元、627.1 亿美元;美国 84 章、85 章出口额分别为 275.2 亿美元、263.6 亿美元;日本 84 章、85 章出口额分别为 332.0 亿美元、256.0 亿美元。

及其零件、附件),出口额分别为 1 889.9 亿美元、538.8 亿美元、588.0 亿美元,占各自对沿线国家出口额比例分别为 29.4%、23.3%、34.1%。欧盟对"一带一路"沿线非欧盟国家出口的第二大类产品是第 6 类(化学工业及其相关工业的产品),出口额为 875.3 亿美元,所占比例为 13.64%;第 17 类(车辆、航空器、船舶及有关运输设备)紧随其后,居第三位,出口额为 873.6 亿美元,所占比例为 13.61%,如图 2-8 所示。同时,第 17 类(车辆、航空器、船舶及有关运输设备)也是美国和日本对沿线国家出口的第二大类产品,如图 2-9 和图 2-10 所示,出口额分别为 458.7 亿美元、394.7 亿美元,分别占各自对沿线国家出口额的 19.8%、22.9%。

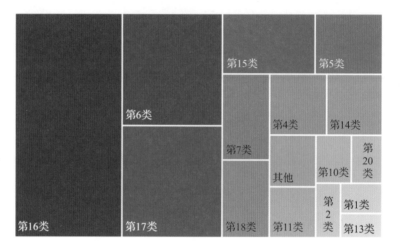

图 2-8　2018 年欧盟对"一带一路"沿线非欧盟国家出口产品结构

(数据来源:全球贸易观察网站)

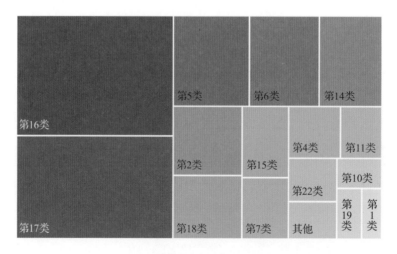

图 2-9　2018 年美国对沿线国家出口产品结构

(数据来源:全球贸易观察网站)

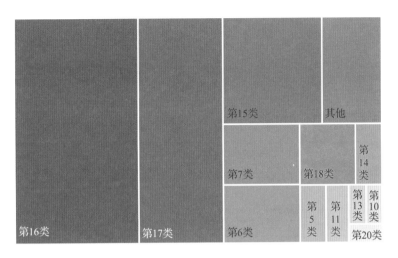

图 2-10 2018 年日本对沿线国家出口产品结构

（数据来源：全球贸易观察网站）

从出口增速来看，2018 年，欧盟对"一带一路"沿线非欧盟国家出口第 14 类（天然或养殖珍珠、宝石或半宝石、贵金属、包贵金属及其制品；仿首饰；硬币）增速最高，达 17.1％；其次是第 8 类［生皮、皮革、毛皮及其制品；鞍具及挽具；旅行用品、手提包及类似容器；动物肠线（蚕胶丝除外）制品］，增速为 9.5％；第 16 类（机器、机械器具、电气设备及其零件；录音机及放声机、电视图像、声音的录制和重放设备及其零件、附件）出口增速为 3.5％。美国对沿线国家出口第 5 类（矿产品）增速最为显著，高达 36.8％；其次是第 12 类（鞋、帽、伞、杖、鞭及其零件；已加工的羽毛及其制品；人造花；人发制品）、第 2 类（植物产品），出口增速分别为 23.8％、23.7％；第 16 类（机器、机械器具、电气设备及其零件；录音机及放声机、电视图像、声音的录制和重放设备及其零件、附件）出口增速为－1.5％。日本对沿线国家出口第 12 类（鞋、帽、伞、杖、鞭及其零件；已加工的羽毛及其制品；人造花；人发制品）增速亮眼，达 42.6％，但出口额较小，不足 0.5 亿美元；第 16 类（机器、机械器具、电气设备及其零件；录音机及放声机、电视图像、声音的录制和重放设备及其零件、附件）出口增速为 9.9％。

2. 欧盟、日本自沿线国家进口最多的是矿产品，美国自沿线国家进口最多的是机电产品

2018 年，欧盟、美国、日本自沿线国家进口产品均主要集中在第 5 类（矿产品）、第 16 类（机器、机械器具、电气设备及其零件；录音机及放声机、电视图像、声音的录制和重放设备及其零件、附件)、第11类(纺织原料及纺织制品),如图2-11～图2-13所示。其中第5类(矿产品)是欧盟和日本自沿线国家进口最多的产品,进口额分别为2 680.1亿美元、1 210.9亿美元,占各自从沿线国家进口额的比例分别为36.5%、51.0%;同时也是美国自沿线国家进口的第二大类产品,进口额为591.4亿美元。第16类(机器、机械器具、电气设备及其零件;录音机及放声机、电视图像、声音的录制和重放设备及其零件、附件)是美国自沿线国家进口最多的产品,进口额达985.4亿美元,占其自沿线国家进口额的25.1%;同时也是欧盟和日本

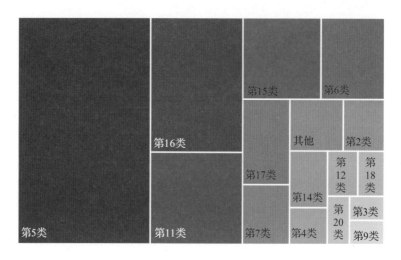

图 2-11　2018 年欧盟自"一带一路"沿线非欧盟国家进口产品结构

(数据来源:全球贸易观察网站)

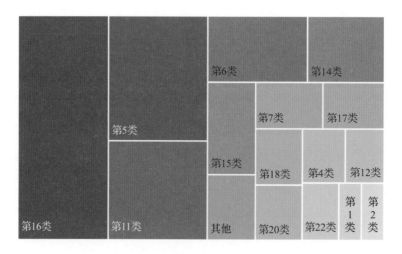

图 2-12　2018 年美国自沿线国家进口产品结构

(数据来源:全球贸易观察网站)

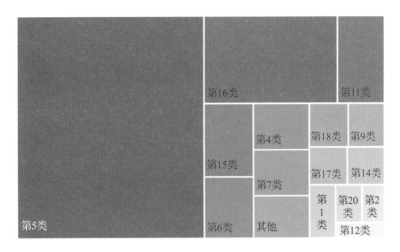

图 2-13　2018 年日本自沿线国家进口产品结构

（数据来源：全球贸易观察网站）

自沿线国家进口的第二大类产品，进口额分别为 1 095.2 亿美元、337.4 亿美元。

从进口增速来看，欧盟自"一带一路"沿线非欧盟国家进口增速最高的是第 19 类（武器、弹药及其零件、附件），达 25.7％；其次是第 5 类（矿产品）、第 15 类（贱金属及其制品），均在 20.2％左右。美国自沿线国家进口第 9 类（木及木制品；木炭；软木及软木制品；稻草、秸秆、针茅或其他编结材料制品；篮筐及柳条编结品）增速最高，为 29.0％；其次是第 4 类（食品；饮料、酒及醋；烟草、烟草及烟草代用品的制品），为 28.9％。日本自沿线国家进口第 14 类（天然或养殖珍珠、宝石或半宝石、贵金属、包贵金属及其制品；仿首饰；硬币）增速最高，为 21.7％；其次是第 5 类（矿产品），为 17.7％。

（四）欧盟、美国、日本、中国与沿线国家的贸易互补性

1. 欧盟、日本、中国出口与沿线国家进口贱金属及制品贸易互补性均较高，且差异较小

2018 年，从总体上来看，美国出口与沿线国家进口的贸易互补性指数①最高，

①　贸易互补性指数是衡量一国出口产品与另一国进口产品吻合度的指数，可以反映两国的贸易潜力。国家 i 出口与国家 j 进口之间的贸易互补性指数用 C_{ij} 表示如下：$C_{ij} = \sum \left[(RCAx_ik \times RCAm_jk) \right] \times \left[W_k/W \right]$。其中，$RCAx_ik$ 表示用出口来衡量的国家 i 在产品 k 上的比较优势；$RCAm_jk$ 表示用进口来衡量的国家 j 在产品 k 上的比较优势；W_k 表示 k 类产品的各国国际贸易总额；W 表示世界所有产品的贸易额。

指数值为 0.99;其次是欧盟,指数值为 0.95;中国出口与沿线国家进口贸易互补性
指数为 0.94;日本出口与沿线国家进口贸易互补性指数相对最低,指数值为 0.88,
见表 2-1。

表 2-1　2018 年欧盟、美国、日本、中国出口与沿线国家进口产品的贸易互补性指数

产品类别	欧盟	美国	日本	中国
总体	0.95	0.99	0.88	0.94
第 11 类	0.68	0.33	0.21	2.15
第 13 类	1.14	0.68	0.97	1.94
第 20 类	0.66	0.34	0.31	1.89
第 12 类	0.67	0.09	0.02	1.83
第 8 类	0.89	0.31	0.04	1.74
第 16 类	0.83	0.82	1.22	1.54
第 15 类	1.48	0.83	1.49	1.40
第 7 类	1.36	1.24	1.27	1.05
第 10 类	1.38	1.21	0.40	0.63
第 9 类	0.81	0.52	0.04	0.58
第 18 类	0.68	0.98	1.03	0.55
第 6 类	1.22	0.89	0.71	0.47
第 4 类	1.26	0.76	0.15	0.36
第 2 类	0.73	1.34	0.04	0.35
第 14 类	0.75	1.65	0.70	0.34
第 17 类	1.00	1.10	1.56	0.32
第 5 类	0.85	1.60	0.26	0.28
第 22 类	—	3.86	—	0.27
第 1 类	0.92	0.65	0.10	0.26
第 3 类	1.26	0.59	0.10	0.14
第 19 类	1.88	6.27	0.52	0.12
第 21 类	0.14	0.71	0.04	0.01

从分品类来看,欧盟出口与"一带一路"沿线非欧盟国家进口贸易互补性指数最高的产品是第 19 类(武器、弹药及其零件、附件),指数值为 1.88;其次是第 15 类(贱金属及其制品)。第 19 类(武器、弹药及其零件、附件)也是美国出口与沿线国家进口贸易互补性最高的产品,指数值高达 6.27,说明美国向沿线国家出口第 19 类(武器、弹药及其零件、附件)产品有很大潜力。日本出口与沿线国家进口第 17 类(车辆、航空器、船舶及有关运输设备)的贸易互补性最高,指数值为 1.56;第 15 类(贱金属及其制品)居其次,指数值为 1.49。中国出口与沿线国家进口贸易互补性指数最高的产品是第 11 类(纺织原料及纺织制品),指数值为 2.15,说明中国对沿线国家出口此类产品潜力很大;其次是第 13 类(石料、石膏、水泥、石棉、云母及类似材料的制品;陶瓷产品;玻璃及其制品),指数值为 1.94。

2. 沿线国家出口与欧盟、中国进口动植物油脂产品的贸易互补性均较强

2018 年,从总体上来看,沿线国家出口与欧盟、日本、中国进口贸易互补性指数值均为 1.01;沿线国家出口与美国进口贸易互补性指数为 0.98,见表 2-2。

分品类来看,"一带一路"沿线非欧盟国家出口与欧盟进口贸易互补性指数最高的产品是第 3 类(动、植物油、脂及其分解产品;精制的食用油脂;动、植物蜡),指数值为 3.41;其次是第 9 类(木及木制品;木炭;软木及软木制品;稻草、秸秆、针茅或其他编结材料制品;篮筐及柳条编结品),指数值为 1.82。第 3 类(动、植物油、脂及其分解产品;精制的食用油脂;动、植物蜡)也是沿线国家出口与中国进口贸易互补性指数最高的产品,指数值为 2.83;沿线国家出口与中国进口第 9 类(木及木制品;木炭;软木及软木制品;稻草、秸秆、针茅或其他编结材料制品;篮筐及柳条编结品)、第 5 类(矿产品)的贸易互补性指数也较高,指数值分别为 2.32、2.05。沿线国家出口与美国进口贸易互补性指数最高的产品是第 22 类(特殊交易品及未分类商品),指数值为 2.95;其次是第 3 类(动、植物油、脂及其分解产品;精制的食用油脂;动、植物蜡)第 20 类(杂项制品)、第 19 类(武器、弹药及其零件、附件),指数值分别为 1.90、1.89、1.86。沿线国家出口与日本进口贸易互补性指数最高的产品是第 9 类(木及木制品;木炭;软木及软木制品;稻草、秸秆、针茅或其他编结材料制品;篮筐及柳条编结品),指数值为 3.00;其次是第 5 类(矿产品),指数值为 2.36。

表 2-2 2018 年沿线国家出口与欧盟、美国、日本、中国进口产品的贸易互补性指数

产品类别	欧盟	美国	日本	中国
总体	1.01	0.98	1.01	1.01
第 3 类	3.41	1.90	1.39	2.83
第 9 类	1.82	1.73	3.00	2.32
第 5 类	1.11	0.84	2.36	2.05
第 7 类	1.42	0.96	0.81	1.21
第 14 类	0.55	0.78	0.55	1.20
第 16 类	0.79	1.02	0.81	1.19
第 2 类	1.11	0.72	1.06	1.16
第 10 类	1.09	0.61	0.43	0.92
第 18 类	0.56	0.69	0.75	0.89
第 15 类	1.24	0.84	0.76	0.77
第 1 类	1.16	0.60	1.59	0.65
第 22 类	—	2.95	—	0.57
第 6 类	0.91	0.70	0.69	0.56
第 13 类	1.15	1.00	0.77	0.56
第 8 类	0.82	0.73	1.08	0.54
第 11 类	1.39	1.43	1.59	0.50
第 17 类	1.07	1.16	0.38	0.47
第 4 类	1.53	1.06	1.36	0.47
第 12 类	1.15	1.31	0.90	0.24
第 20 类	1.16	1.89	0.97	0.18
第 19 类	0.88	1.86	0.32	0.01
第 21 类	0.07	0.34	0.06	0.01

三、中国与沿线国家贸易合作

2018 年,中国与沿线国家贸易规模持续扩大,达到 12 686.7 亿美元,年增长率高于中国同期对外贸易增速,占中国对外贸易总额的比例为 28.3%。越南、马来西亚、俄罗斯是中国在沿线国家中的前三大贸易伙伴,且贸易规模均超过 1 000 亿美元。电机类产品在中国对沿线国家出口的产品中占据重要地位;原油是中国自沿线国家进口的主要产品,且增幅显著。中国对沿线国家出口以民营企业为主,而进口主体较为多元化。各贸易方式中,一般贸易进、出口额占比均超过六成;各贸易运输方式中,水路运输在进、出口贸易中均占主导地位。

(一)中国与沿线国家贸易规模

1. 近两年,中国与沿线国家进、出口额稳步回升

2018 年,中国与沿线国家贸易额达到 2014—2018 年最高峰,如图 3-1 所示,为 12 686.7 亿美元,较 2017 年增长 16.2%,高于中国对外贸易整体增速 3.7 个百分点。2018 年,中国对沿线国家出口额为 7 059.1 亿美元,较 2017 年增长 10.7%;自沿线国家进口额为 5 627.6 亿美元,较 2017 年增长 24.0%;中国对沿线国家的贸易顺差呈缩小的趋势,2018 年贸易顺差为 1 431.5 亿美元,较 2017 年下降 22.2%。

2. 中国自沿线国家进口占中国进口总额比例明显上升

2018 年,中国与沿线国家贸易额占中国对外贸易总额的 28.3%。如图 3-2 所示,从出口来看,中国对沿线国家出口额占中国对外出口总额的比例呈上升趋势,2018 年该比例达到 28.4%,较 2017 年上升 0.3 个百分点。"一带一路"倡议提出以来,中国自沿线国家进口占中国进口总额的比例先降后升,2018 年该比例达到 28.3%,较 2017 年上升 1.7 个百分点。

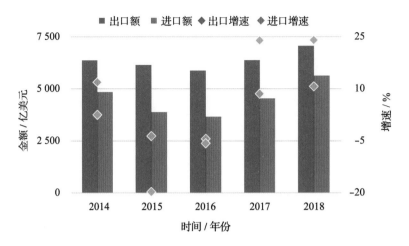

图 3-1　2014—2018 年中国与沿线国家进口额、出口额及增速

（数据来源：中国海关）

图 3-2　2014—2018 年中国与沿线国家贸易额占中国对外贸易总额比例

（数据来源：中国海关）

（二）中国与沿线国家贸易伙伴

1. 越南是中国在"一带一路"沿线最大的出口市场

2018 年，中国在沿线国家中前十大出口市场分别是越南、印度、新加坡、俄罗斯、马来西亚、印度尼西亚、泰国、菲律宾、阿联酋和波兰，如图 3-3 所示。中国对这十个国家的出口额占对沿线国家出口总额的比例达 67.4%。2018 年，中国对越南出口额最高，达到 840.7 亿美元，较 2017 年增长 17.7%，占中国对沿线国家出

口额的 11.9%；其次是印度，为 768.3 亿美元，占中国对沿线国家出口额的 10.9%。2018 年，中国对沿线前十大出口市场的出口额均有不同程度的上升，其中中国对印度尼西亚的出口增速最高，为 24.1%。

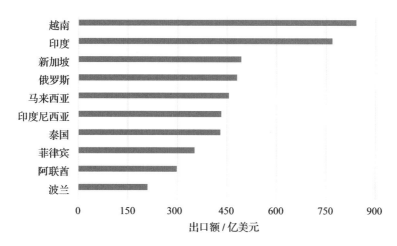

图 3-3　2018 年中国在沿线国家中前十大出口市场

（数据来源：中国海关）

2. 越南是中国在"一带一路"沿线最大的进口市场

2018 年，中国在沿线国家中前十大进口市场分别是越南、马来西亚、俄罗斯、沙特阿拉伯、泰国、印度尼西亚、新加坡、伊拉克、伊朗、菲律宾，如图 3-4 所示。中国自这 10 个国家的进口额占自沿线国家进口额的比例高达72.6%。2018 年，中国自越南进口额最高，为 640.1 亿美元，较 2017 年增长26.8%，占中国自沿线国家进口额的 11.4%；马来西亚仅居其次，为 632.8 亿美元，占中国自沿线国家进口额的 11.2%。在沿线的前十大进口市场中，2018 年，中国仅自新加坡进口额下降，降幅为 2.1%；中国自其余 9 个市场的进口额均有不同程度的上升。

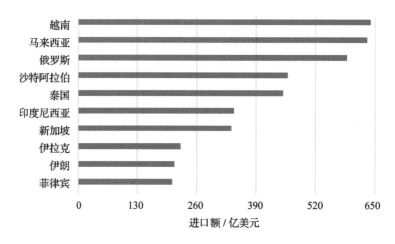

图 3-4　2018 年中国在沿线国家中前十大进口市场

（数据来源：中国海关）

(三)中国与沿线国家贸易产品

1.电话机、通信设备是中国对沿线国家出口最多的产品

2018 年,中国对沿线国家出口最多的产品为 8517 目［电话机,包括用于蜂窝网络或其他无线网络的电话机;其他发送或接收声音、图像或其他数据用的设备,包括有线或无线网络（例如,局域网或广域网）的通信设备,但品目 8443、8525、8527 或 8528 的发送或接收设备除外］,出口额达到 540.5 亿美元,较 2017 年增长 11.2％,占中国对沿线国家出口额的 7.7％,出口市场覆盖了印度、越南、阿联酋和俄罗斯等 56 个国家;其次是 8471 目（自动数据处理设备及其部件;其他品目未列名的磁性或光学阅读机、将数据以代码形式转录到数据记录媒体的机器及处理这些数据的机器）、8542 目（集成电路）、2710 目［石油及从沥青矿物提取的油类,但原油除外;以上述油为基本成分（按重量计不低于 70％）的其他品目未列名制品;废油］,出口额分别为 217.2 亿美元、188.1 亿美元、172.3 亿美元,所占比例分别为 3.1％、2.7％、2.4％,如图 3-5 所示。在中国对沿线国家出口的前十大产品中,除 9013 目（其他品目未列名的液晶装置;激光器,但激光二极管除外;本章其他品目未列名的光学仪器及器具）出口额较 2017 年下降 12.1％外,其余的产品出口额

均较 2017 年呈现不同程度的增长。其中 8542 目的增幅最大,达到 39.9%;其次是 2710 目,增幅为 33.9%。

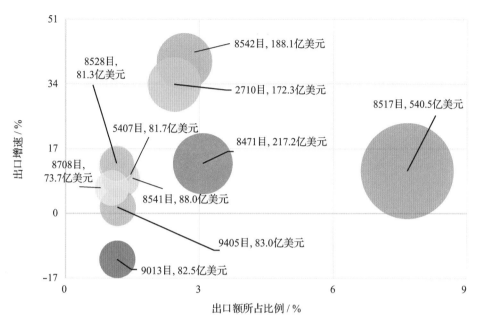

图 3-5　2018 年中国对沿线国家出口前十大产品

（数据来源：中国海关）

2. 原油是中国自沿线国家进口最多的产品,且增幅显著

2018 年,中国自沿线国家进口最多的产品是 2709 目(石油原油及从沥青矿物提取的原油),进口额高达 1 512.6 亿美元,较 2017 年大幅增长 48.7%,占中国自沿线国家进口额的 26.9%,进口来源国包括俄罗斯、沙特阿拉伯、伊拉克等 14 个国家;其次是 8542 目(集成电路),为 523.7 亿美元,占进口额的 9.3%,如图 3-6 所示。在中国自沿线国家进口前十大产品中,除 9804 目(低值简易通关商品)进口额较 2017 年略微下降 0.1%,其余产品进口额均较 2017 年呈现不同程度的增长。其中 2902 目(环烃)增幅最大,达到 61.6%;2711 目(石油气及其他烃类气)也出现了 50.0% 的增长。

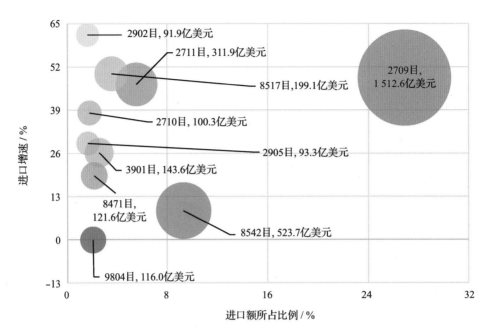

图 3-6　2018 年中国自沿线国家进口前十大产品

（数据来源：中国海关）

（四）中国与沿线国家贸易主体

1. 民营企业是中国对沿线国家出口的主力军

中国对沿线国家出口以民营企业为主，且近两年出口额呈增长的趋势，如图 3-7 和图 3-8 所示。2018 年，中国民营企业对沿线国家出口额达到 4 144.9 亿美元，较 2017 年增长 10.9％，占中国对沿线国家出口额的 58.6％，主要出口到越南、印度、俄罗斯等国家；其次是外资企业，出口额为 1 970.9 亿美元，较 2017 年增长 9.3％，所占比例为 28.3％；国有企业出口额为 925.8 亿美元，较 2017 年增长 13.1％，所占比例为 12.8％。2014—2018 年，各贸易主体出口比例的年际变化不大，民营企业出口占比呈缓慢的上升趋势。

图 3-7 2014—2018 年中国各贸易主体对沿线国家的出口额①

（数据来源：中国海关）

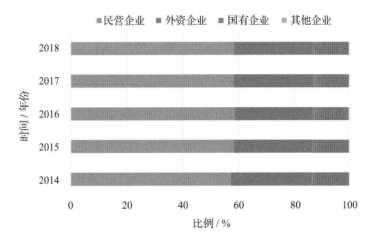

图 3-8 2014—2018 年中国各贸易主体对沿线国家出口比例②

（数据来源：中国海关）

2. 自沿线国家进口贸易主体呈国有企业、外资企业和民营企业三足鼎立格局

2014—2018 年，中国自沿线国家进口的贸易主体逐渐形成国有企业、外资企业、民营企业三足鼎立的格局，如图 3-9 和图 3-10 所示。2018 年各贸易主体中，国有企业自沿线国家进口额最高，达到 2 125.8 亿美元，较 2017 年增长 35.1%，增幅增大，占中

---

① 因"其他企业"出口额的数值较小，故无法在图中显示。
② 因"其他企业"出口比例的数值较小，故无法在图中显示。

国自沿线国家进口额的 37.8%,主要进口来源国为俄罗斯、沙特阿拉伯和伊拉克;其次是外资企业,进口额为 1 791.5 亿美元,较 2017 年增长 13.2%,所占比例为 31.8%;民营企业进口额为 1 592.1 亿美元,较 2017 年增长 26.3%,所占比例为 28.3%。

图 3-9 2014—2018 年中国各贸易主体自沿线国家的进口额
（数据来源:中国海关）

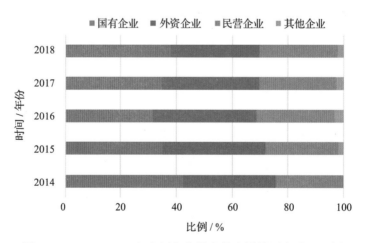

图 3-10 2014—2018 年中国各贸易主体自沿线国家进口比例
（数据来源:中国海关）

(五)中国与沿线国家贸易方式

1. 中国对沿线国家一般贸易出口比例为 65.9%

2018 年,中国对沿线国家以一般贸易方式出口金额最多,出口额达到 4 651.9 亿美元,较 2017 年增长 16.0%,占中国对沿线国家出口额的 65.9%;其次是进料加工贸易,为 1 153.1 亿美元,较 2017 年增长 6.7%,所占比例为 16.3%,如图 3-11 和图 3-12 所示。在沿线国家中,一般贸易是中国对印度、俄罗斯、越南等 60 个国家的主要出口方式;边境小额贸易是中国对哈萨克斯坦、塔吉克斯坦的主要出口方式;进料加工贸易是中国对捷克的主要出口方式。

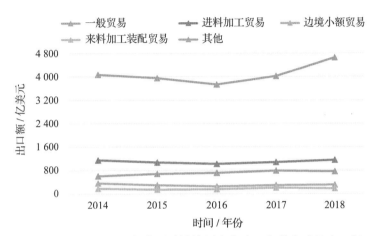

图 3-11 2014—2018 年中国对沿线国家各出口贸易方式的出口额

(数据来源:中国海关)

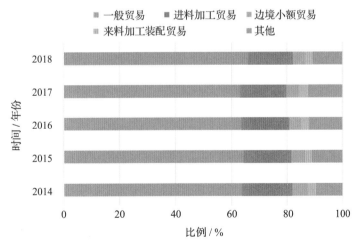

图 3-12 2014—2018 年中国对沿线国家各出口贸易方式比例

(数据来源:中国海关)

2. 中国自沿线国家进口一般贸易增长显著

2018 年,中国自沿线国家进口最多的贸易方式是一般贸易,进口额达 3 562.7 亿美元,较 2017 年增长 31.2%,占中国自沿线国家进口额的 63.3%;其次是进料加工贸易①,为 990.1 亿美元,较 2017 年增长 13.6%,所占比例为 17.6%,如图 3-13 和图 3-14 所示。在沿线国家中,一般贸易是中国自俄罗斯、沙特阿拉伯和马来西亚等 59 个国家进口的主要贸易方式;进料加工贸易是中国自巴勒斯坦、马尔代夫和越南进口的主要贸易方式。

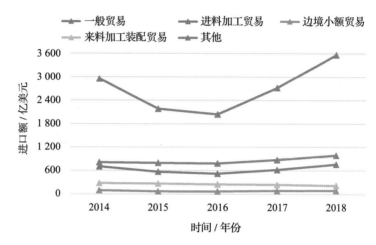

图 3-13 2014—2018 年中国自沿线国家各进口贸易方式的进口额

(数据来源:中国海关)

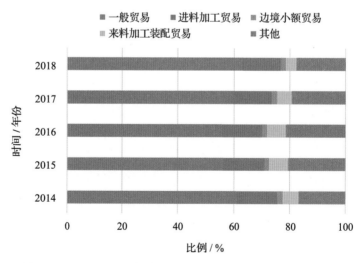

图 3-14 2014—2018 年中国自沿线国家各进口贸易方式比例

(数据来源:中国海关)

---

① 因为"其他"中包括多种额度较小的贸易方式,所以在对贸易主体排序时,只对除"其他"以外的四种贸易进行比较。

(六)中国与沿线国家贸易运输方式

1. 中国对沿线国家水路运输出口额所占比例超七成

中国对沿线国家出口的主要运输方式为水路运输,2014—2018 年水路运输出口额所占比例均在 70％以上,如图 3-15 和图 3-16 所示。2018 年,中国对沿线国家水路运输出口额达到 5 104.7 亿美元,较 2017 年增长 9.0％,占中国对沿线国家出口额的 72.3％;其次为公路运输、航空运输,出口额分别为 923.8 亿美元、822.6 亿美元,分别较 2017 年增长 19.1％、10.9％,所占比例分别为 13.1％、11.7％。在沿线国家中,中国对越南、印度尼西亚、泰国等 56 个国家的出口运输方式以水路运输为主;中国对不丹、哈萨克斯坦、吉尔吉斯斯坦、老挝、蒙古、尼泊尔、塔吉克斯坦的出口运输方式以公路运输为主;中国对乌兹别克斯坦的出口运输方式以铁路运输为主。

2. 中国自沿线国家水路运输进口额占比超六成

中国自沿线国家进口主要运输方式为水路运输,且 2017—2018 年水路运输进口额增长明显,如图 3-17 和图 3-18 所示。2018 年,中国自沿线国家水路运输进

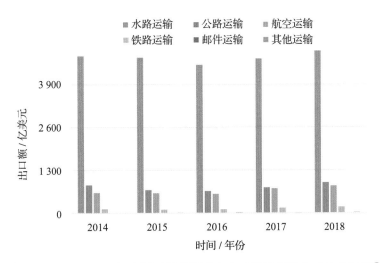

图 3-15　2014—2018 年中国对沿线国家各出口贸易运输方式的出口额[①]

(数据来源:中国海关)

---

① 通过"邮件运输"和"其他运输"的出口额数值较小,故无法在图中显示。

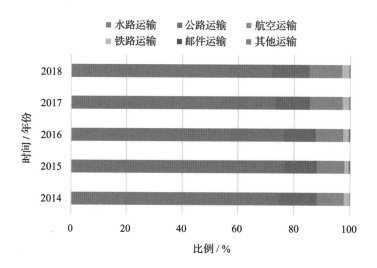

图 3-16　2014—2018 年中国对沿线国家各出口贸易运输方式比例

（数据来源：中国海关）

口额达 3 450.0 亿美元，较 2017 年增长 25.8%，占中国自沿线国家进口额的 61.3%；其次是公路运输和航空运输，分别为 806.1 亿美元、728.2 亿美元，较 2017 年分别增长 28.2%、2.0%，比例分别为 14.3%、12.9%。在沿线国家中，中国自沙特阿拉伯、印度尼西亚、俄罗斯等 53 个国家的进口运输方式以水路运输为主；

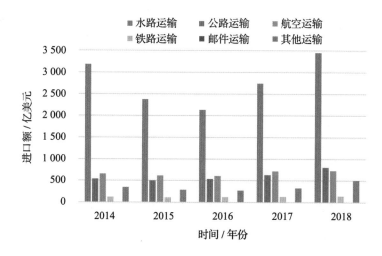

图 3-17　2014—2018 年中国自沿线国家各进口贸易运输方式的进口额①

（数据来源：中国海关）

---

① 通过"邮件运输"的进口额数值较小，故无法在图中显示。

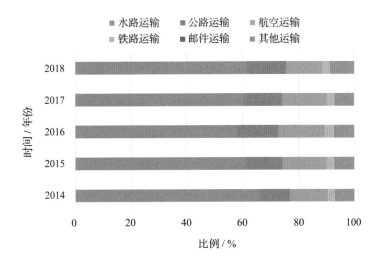

图 3-18　2014—2018 年中国自沿线国家各进口贸易运输方式比例①

（数据来源：中国海关）

中国自阿富汗、不丹、菲律宾、尼泊尔、以色列的进口运输方式以航空运输为主；中国自吉尔吉斯斯坦、蒙古、越南的进口运输方式以公路运输为主；中国自哈萨克斯坦、塔吉克斯坦的进口运输方式以铁路运输为主。

---

①　通过"邮件运输"的进口额数值较小，故无法在图中显示。

四、中国各省区市与沿线国家贸易合作

2018年，在中国各省区市中，广东省、北京市、江苏省、浙江省、上海市与沿线国家的贸易额分列前五，均超过1 000亿美元，贸易额合计比例达63.6%。其中，广东省对沿线国家出口额最高，民营企业是其出口的主力军，出口主要产品为电话机等通信设备；北京市自沿线国家进口额最高，国有企业进口额占九成，进口主要产品为原油。四川省对沿线国家出口近五成为集成电路，是此类产品出口最多的省份。各省区市与沿线国家的贸易方式多以一般贸易为主，广西壮族自治区边境小额贸易方式出口占比突出，居各省区市首位。

（一）各省区市对沿线国家出口

1. 广东省对沿线国家出口额最高

2018年，在各省区市中，广东省对沿线国家出口额最高，达1 485.3亿美元，占中国对沿线国家出口额的21.0%；其次是浙江省、江苏省，分别为1 034.3亿美元、982.0亿美元，所占比例分别为14.7%、13.9%；西部地区中，广西壮族自治区和四川省表现亮眼，出口额分别为206.5亿美元、191.9亿美元，在各省区市中分别居第八位和第九位，如图4-1所示。从出口增速看，甘肃省对沿线国家出口额增速最高，达到51.1%，其次是湖南省、北京市、四川省、陕西省，分别较2017年增长43.3%、34.8%、32.6%、31.5%；宁夏回族自治区、辽宁省、贵州省、西藏自治区、新疆维吾尔自治区、黑龙江省均较2017年出现不同程度的下降，其中黑龙江省的降幅达17.1%。

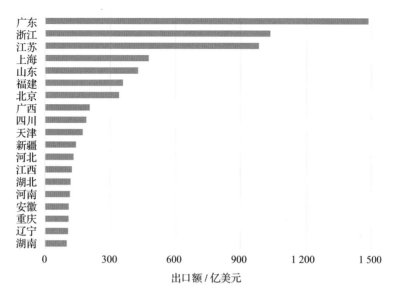

图 4-1 2018 年中国对沿线国家出口额超过 100 亿美元的省区市

（数据来源：中国海关）

2. 电话机等通信设备是 8 个省区市的前十大出口产品之一

在对沿线国家出口额最高的前 10 个省区、市中，8517 目［电话机，包括用于蜂窝网络或其他无线网络的电话机；其他发送或接收声音、图像或其他数据用的设备，包括有线或无线网络（例如，局域网或广域网）的通信设备，但品目 8443、8525、8527 或 8528 的发送或接收设备除外］进入其中 8 个省区市的前十大出口产品之列，同时也是广东省和天津市对沿线国家出口最多的产品，出口额分别为273.7 亿美元、31.0 亿美元，分别占各自对沿线国家出口额的 18.4%、17.7%；5407 目（合成纤维长丝纱线的机织物，包括品目 5404 所列材料的机织物）是浙江省对沿线国家出口最多的产品，占其对沿线国家出口额的 4.0%；8471 目（自动数据处理设备及其部件；其他品目未列名的磁性或光学阅读机、将数据以代码形式转录到数据记录媒体的机器及处理这些数据的机器）是江苏省和上海市对沿线国家出口最多的产品，占各自对沿线国家出口额比例分别为 5.2%、6.9%；北京市出口的 2710 目［石油及从沥青矿物提取的油类，但原油除外；以上述油为基本成分（按重量计不低于 70%）的其他品目未列名制品；废油］和四川省出口的 8542 目（集成电路）占各自对沿线国家出口额的比例均超过 40%，如图 4-2 所示。

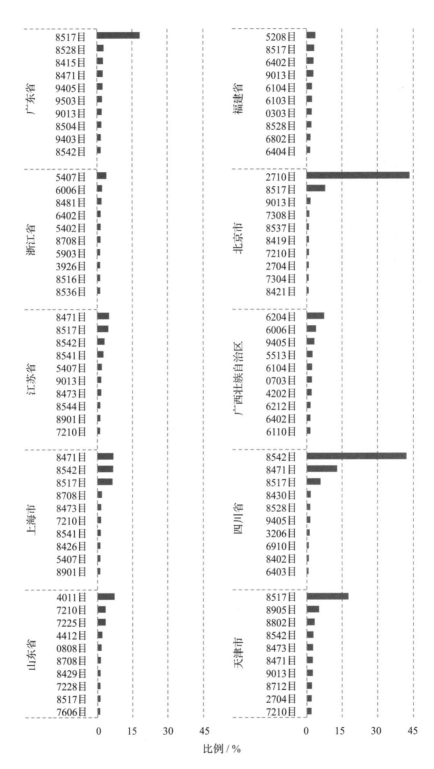

图 4-2 2018 年中国对沿线国家出口额排名前十的省区市的前十位出口产品

（数据来源：中国海关）

3.6 个省区市出口以外资企业为主,3 个省区市出口以国有企业为主

如图 4-3 所示,2018 年,在各省区市中,广东省、浙江省、山东省、福建省、广西壮族自治区、新疆维吾尔自治区、江西省、河北省、湖南省、湖北省、云南省、安徽省、河南省、重庆市、辽宁省、陕西省、内蒙古自治区、黑龙江省、甘肃省、宁夏回族自治区、西藏自治区和青海省 22 个省区市对沿线国家出口均以民营企业为主,其中新疆维吾尔自治区、广西壮族自治区出口额约九成来自民营企业,广东省民营企业对沿线国家出口额高达 999.5 亿美元。江苏省、上海市、四川省、天津市、海南省、山西省对沿线国家出口以外资企业为主,其中海南省 81.1% 的出口额来自外资企业,江苏省外资企业对沿线国家出口额达 448.0 亿美元。北京市、贵州省和吉林省对沿线国家出口均以国有企业为主,其中北京市 75.6% 的出口额来自国有企业。

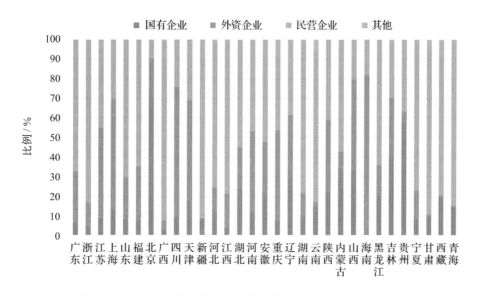

图 4-3　2018 年中国各省区市对沿线国家出口各企业主体占比

(数据来源:中国海关)

4.5 个省市一般贸易占比超九成,3 个自治区边境小额贸易占比在七成以上

如图 4-4 所示,2018 年,在各省区市中,广东省、浙江省、江苏省、山东省、福建

省、上海市、北京市、河北省、江西省、湖北省、湖南省、安徽省、辽宁省、天津市、河南省、重庆市、云南省、陕西省、内蒙古自治区、吉林省、贵州省、黑龙江省、宁夏回族自治区、甘肃省、青海省25个省区市对沿线国家出口贸易方式以一般贸易为主,其中青海省、宁夏回族自治区、江西省、河北省和湖南省的一般贸易占比均超过90%,广东省对沿线国家一般贸易出口高达975.6亿美元。广西壮族自治区、新疆维吾尔自治区、西藏自治区对沿线国家出口均以边境小额贸易为主,占其自身对沿线国家出口额比例分别为75.4%、80.4%和93.2%,且广西壮族自治区的边境小额贸易出口额在各省区市中居首位,为155.9亿美元。四川省对沿线国家出口以来料加工装配贸易为主,出口额所占比例为41.5%。山西省对沿线国家出口以进料加工贸易为主,出口额所占比例为56.9%。

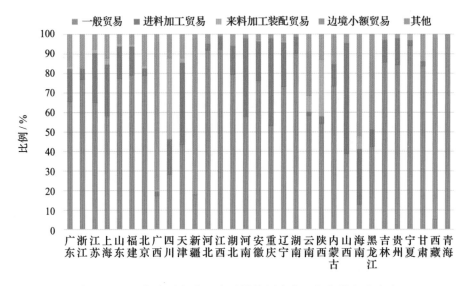

图 4-4 2018 年中国各省区市对沿线国家出口各贸易方式占比

(数据来源:中国海关)

(二)各省区市自沿线国家进口

1. 北京市自沿线国家进口额最高,且增幅显著

2018 年,在各省区市中,北京市自沿线国家进口额最高,达 1 386.6 亿美元,占中国自沿线国家进口总额的 24.6%;其次是广东省、上海市,进口额分别为958.1 亿美元、584.4 亿美元,比例分别为 17.0%、10.4%;东北地区的辽宁省和黑

龙江省分别列第八位和第九位,进口额分别为194.4亿美元、190.3亿美元;西部地区的广西壮族自治区、云南省分列第十位、第十一位,进口额分别为139.4亿美元、130.8亿美元,如图4-5所示。从进口增速看,黑龙江省自沿线国家进口额增速最高,达84.3%;其次是云南省、河南省,分别较2017年增长52.1%、50.6%;重庆市、广西壮族自治区、贵州省、西藏自治区、青海省和宁夏回族自治区进口额均较2017年出现不同程度的下降,其中宁夏回族自治区降幅达47.1%。

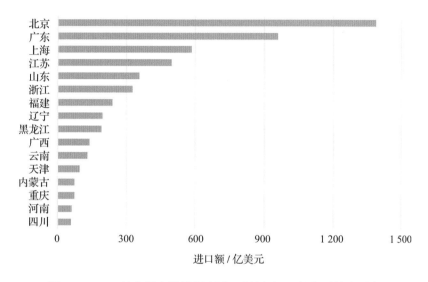

图4-5　2018年中国自沿线国家进口额超过50亿美元的省区市

(数据来源:中国海关)

2. 原油是5个省区市的第一进口产品

如图4-6所示,自沿线国家进口额最高的前10个省区市中,2711目(石油气及其他烃类气)进入其中9个省区市的前十大进口产品之列;2709目(石油原油及从沥青矿物提取的原油)、8542目(集成电路)进入7个省区市前十大进口产品之列;同时2709目是北京市、山东省、福建省、辽宁省、黑龙江省自沿线国家进口最多的产品,其中北京市的2709目进口额高达945.6亿美元,黑龙江省的2709目进口额占其自沿线国家进口额的比例高达81.3%;8542目是广东省、上海市、江苏省自沿线国家进口最多的产品;2710目[石油及从沥青矿物提取的油类,但原油除外;以上述油为基本成分(按重量计不低于70%)的其他品目未列名制品;废油]是浙江省自沿线国家进口最多的产品;9804目(低值简易通关商品)是广西壮族自治区自沿线国家进口最多的产品。

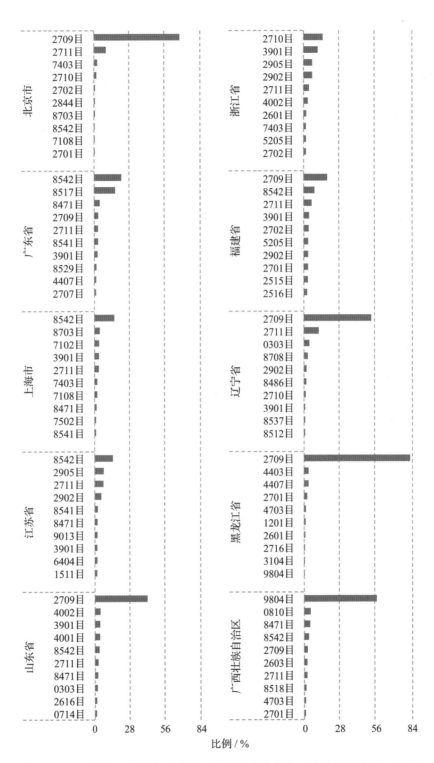

图 4-6 2018 年中国自沿线国家进口额排名前十的省区市的前十位进口产品

（数据来源：中国海关）

3. 北京市国有企业自沿线国家进口占比突出

2018年,在各省区市中,北京市、黑龙江省、云南省、新疆维吾尔自治区、甘肃省、山西省、贵州省、青海省自沿线国家进口以国有企业为主;其中北京市国有企业自沿线国家进口额高达 1 291.6 亿美元,占北京市自沿线国家进口总额的93.1%;甘肃省自沿线国家进口额也有九成多来自国有企业。上海市、江苏省、福建省、辽宁省、天津市、四川省、河南省、重庆市、吉林省、海南省、江西省、湖北省、宁夏回族自治区自沿线国家进口以外资企业为主;其中上海市、江苏省、四川省分别约68.6%、64.8%、73.5%进口额来自外资企业。广东省、山东省、浙江省、内蒙古自治区、河北省、安徽省、湖南省、陕西省自沿线国家进口以民营企业为主;其中广东省民营企业进口额达 480.3 亿美元,约占广东省自沿线国家进口总额的五成;内蒙古自治区自沿线国家进口额97.4%来自民营企业,如图4-7所示。

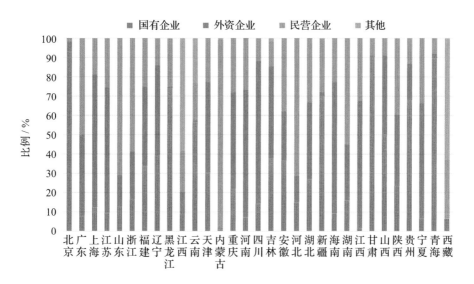

图 4-7　2018年中国各省区市自沿线国家进口各企业主体占比

(数据来源:中国海关)

4. 河南、四川、山西 3 省进口以进料加工贸易为主

2018年,在各省区市中,北京市、广东省、上海市、江苏省、山东省、浙江省、福建省、黑龙江省、辽宁省、云南省、天津市、吉林省、河北省、安徽省、新疆维吾尔自治区、湖北省、湖南省、江西省、甘肃省、陕西省、贵州省、宁夏回族自治区和青海

省 23 个省区市自沿线国家进口均以一般贸易为主;其中北京市一般贸易进口额高达 1 191.6 亿美元,所占比例为 85.9%;青海省、河北省、湖南省、福建省、吉林省、黑龙江省一般贸易所占比例也均超过 85%。河南省、四川省、山西省自沿线国家进口均以进料加工贸易为主,其中河南省进料加工贸易额所占比例为 77.6%。内蒙古自治区自沿线国家进口以边境小额贸易为主,所占比例近六成,如图 4-8 所示。

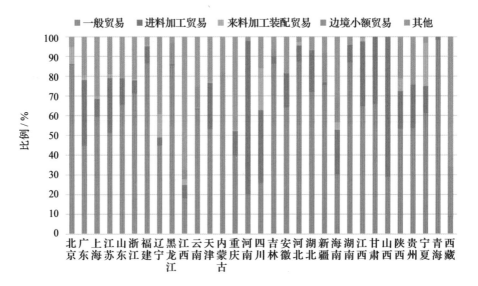

图 4-8　2018 年中国各省区市自沿线国家进口各贸易方式所占比例

（数据来源:中国海关）

五、中美贸易摩擦与"一带一路"贸易①

2018 年 4 月 3 日,美国基于"301 调查",建议对中国大约 1 300 个关税项目征收 25％的关税,涉及航空航天、信息通信技术、机械、医药等行业,涉及金额约为 500 亿美元,中美贸易摩擦由此拉开帷幕。同年 4 月 4 日,我国对美国对华产品加征关税建议清单做出回应。对原产于美国的大豆、汽车、化工品等 14 类 106 项商品加征 25％的关税,涉及金额约为 500 亿美元。随后,美国于 2018 年 7 月 6 日对第一批清单上 818 个类别、价值 340 亿美元的中国商品加征 25％的进口关税。作为反制,中国也于同日对同等规模的美国产品加征 25％的进口关税。

2018 年 7 月 11 日,美国政府发布了对从中国进口的约 2 000 亿美元的其他商品加征 10％关税的措施,商品涵盖部分日用品、轮胎、电子元件等领域。该措施于同年 9 月 24 日开始实施。2018 年 8 月 3 日,经国务院批准,国务院关税税则委员会决定对原产于美国的 5 207 个税目约 600 亿美元商品,加征 5％至 25％的关税。

(一)中美贸易现状

1.中国对美国出口额创历史新高,受增税影响产品的出口增长高于其他产品

如图 5-1～图 5-3 所示,2018 年,中国对美出口额约为 4 787.4 亿美元,较 2017 年增长 11.1％,为历年最高。中国对美出口占中国出口总额的 19.2％,与 2017 年占比基本持平。其中受美国增税影响产品出口额约为 2 537.2 亿美元,较 2017 年增长 12.9％,高于对美出口总额的增长率,占对美出口总额的 53.0％。

---

① 由于统计口径原因,中国对外贸易与美国对外贸易统计在 HS8 位编码上很难做到一一对应,因此本部分统计受加征关税影响的产品时使用 HS6 位编码,存在一定的高估,但总体分析与实际情况相符。

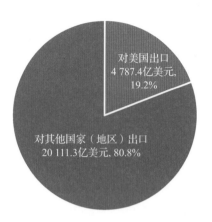

图 5-1　2018 年中国对美国出口额及其占中国出口总额的比例

（数据来源：中国海关）

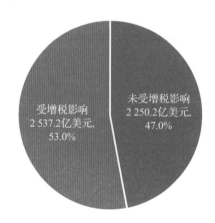

图 5-2　2018 年中国对美国出口的产品中受增税影响的产品出口额及比例

（数据来源：中国海关）

图 5-3　2014—2018 年中国对美国出口总额与受增税影响产品出口额

（数据来源：中国海关）

就趋势而言,受影响产品经过 2016 年对美出口下滑后,2017—2018 年连续两年对美出口增速均超过 10%,自 2012 年起,受美国增税影响产品的对美出口比例一直维持在 50% 以上,占比基本维持稳定。

2. 中国自美国进口与前一年持平,受增税影响产品的进口明显下滑

如图 5-4～图 5-6 所示,2018 年,中国自美国进口额约 1 551.3 亿美元,较 2017 年增长 0.6%,与 2017 年基本持平。中国自美国进口额占中国进口总额的 7.8%,较 2017 年下滑 1.2 个百分点。其中受中国增税影响产品进口额约 678.0 亿美元,较 2017 年下滑 7.5%。该部分产品占自美国进口总额的 43.7%,与 2017 年相比,下滑 3.8 个百分点,下滑幅度明显。

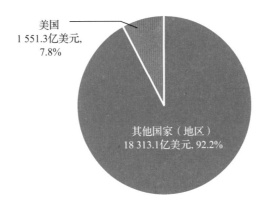

图 5-4　2018 年中国自美国进口额占中国进口总额的比例

(数据来源:中国海关)

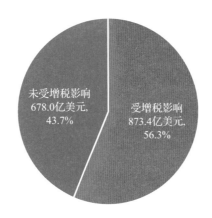

图 5-5　2018 年中国自美国进口的产品中受增税影响的产品进口额比例

(数据来源:中国海关)

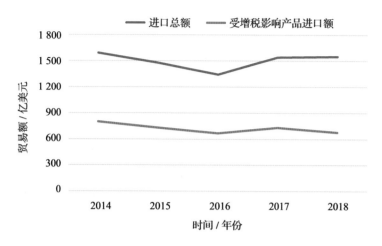

图 5-6　2014—2018 年中国自美国进口总额与受增税影响产品进口额

（数据来源：中国海关）

自 2016 年进口下滑后，2017 年对美贸易进口出现较大幅度上涨，2018 年受贸易摩擦影响，自美国进口总额与 2017 年相比基本维持不变。但受影响产品进口额出现较大回落，所占比例也较以前的半数左右下滑近 4 个百分点。

（二）中美贸易摩擦涉及的主要产品

1. 中国对美出口受增税影响产品以制造业产品为主

中国受美国增税影响的对美出口产品中，贸易额排名前十的产品均属于制造业，其中电子类产品占六种，排名前四的产品均为电子类产品。其余产品为家具、塑料制品与轮胎。其中产品 851762（接收、转换且发送或再生声音等数据的设备）与产品 847330（品目 8471 所列其他机器的零件、附件），2018 年对美出口额均超过 100 亿美元。

从趋势上看，受影响出口额排名前十的产品除 940540（其他电灯及照明装置）与 2017 年基本持平外，其余产品均较前一年有较大增幅，如图 5-7 所示。其中 851762（接收、转换且发送或再生声音等数据的设备）、847330（品目 8471 所列其他机器的零件、附件）和 854370（其他具有独立功能的设备及装置）这三个电子类产品增速均超过 20％，其他产品的增速也在 10％左右。

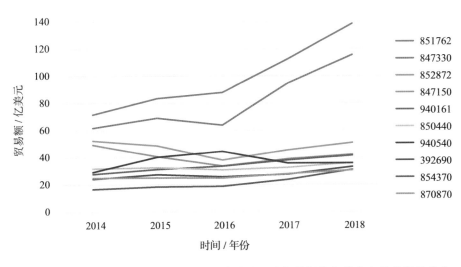

图 5-7　2014—2018 年中国对美出口中受增税影响贸易额排名前十产品的贸易趋势

（数据来源：中国海关）

2. 中国自美国进口受增税影响产品涉及制造业、农业与能源领域

美国受中国增税影响的对华出口产品中，贸易额排名前十的产品分属制造业、农业与能源行业。其中制造业产品占六种，农业与能源行业各占两种。其中产品 880240（飞机等航空器，空载重量＞15 吨）在 2018 年进口额达 154.6 亿美元。产品 870323（仅装有点燃往复式活塞内燃发动机的其他机动车辆，1.5 升＜排量≤3 升）和 120190（其他大豆，不论是否破碎）进口额超过 70 亿美元，其余产品均在 10 亿美元左右。

从趋势上看，受影响进口额排名前十的产品中半数较 2017 年出现下滑，其中产品 120190（其他大豆，不论是否破碎）和 271112（液化丙烷）较 2017 年进口额减半，870323（仅装有点燃往复式活塞内燃发动机的其他机动车辆，1.5 升＜排量≤3 升）和 870380（仅装有驱动电动机的主要用于载人的机动车）这两个汽车类产品进口下滑均超过 20％，如图 5-8 所示。产品 271111（液化天然气）增幅达七成以上，受影响进口额第一的产品 880240（飞机等航空器，空载重量＞15 吨）增速达到了 17.3％；其余产品的增速在 10％左右。

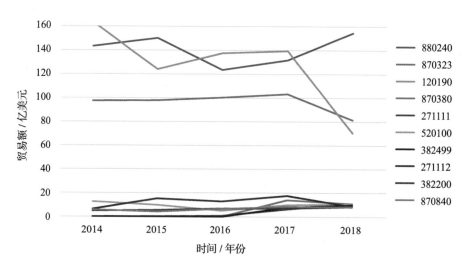

图 5-8　2014—2018 年中国自美进口中受增税影响贸易额排名前十产品的贸易趋势

（数据来源：中国海关）

（三）各省区市对美贸易在贸易摩擦中受到的影响

1. 沿海省区市对美出口受影响金额大，内陆省区市未来对美出口增长恐受限

2018 年，在各省区市中，受美国增税影响出口金额最大的 10 个省区市中，8 个为沿海地区，如图 5-9 所示。其中，广东省受增税影响产品的对美出口额最高，达 644.0 亿美元，其次是江苏省，增税产品对美出口额为 487.0 亿美元。浙江省、上海市、山东省和福建省的增税产品对美出口额均在 100 亿美元以上。

从增速上看，2018 年增税产品对美出口增长最快的省区市中前 10 个均为内陆省区市，其增速均超过 20％。其中，西藏自治区增速最快，达 131.2％。各内陆省区市在 2018 年取得的对美出口高速增长可能会在将来减缓。有 5 个省区市的增税产品对美出口的增速为负值，分别为贵州省、海南省、宁夏回族自治区、黑龙江省和青海省。

从增税产品对美出口额占对美出口总额比例来看，甘肃省受影响最大，该省 95.9％的对美出口均受加征关税影响，其次为海南省、陕西省、黑龙江省、吉林省、辽宁省、河北省和天津市。以上省区市均有超过 70％的对美出口受增税影响。从增税产品对美出口占本省市总出口的比例来看，陕西省对外出口受冲击最大，受影响的对美出口额占陕西省对外出口总额的 13.9%。其次为上海市、江苏省、浙江省、福建省、河北省、安徽省、天津市和山东省。以上省份均有超过 10% 的对外出口总额受增税影响。

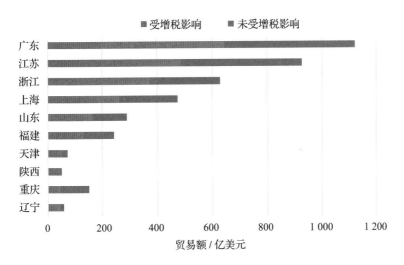

图 5-9　2018 年中国对美出口受增税影响贸易额排名前十的省区市

（数据来源：中国海关）

2. 直辖市自美国进口受影响金额大，半数省份受影响产品进口负增长

2018 年，在各省区市中，受中国增税影响的产品自美国进口额排名前三的均为直辖市，如图 5-10 所示，分别为北京市、上海市和天津市，受影响产品自美国进口额分别为 125.0 亿美元、114.8 亿美元和 95.4 亿美元。广东省和江苏省的受影响产品自美国进口额均在 50 亿美元以上。

从增速上看，2018 年 31 个省区市中，有 15 个省区市的增税产品自美国进口额增长，其余 16 个省区市进口额下降，其中，增速最快的是青海省，达 243.7%，其次为新疆维吾尔自治区、西藏自治区、海南省和吉林省，增速均超过 70%，增税产品自美国进口下滑最大的为广西壮族自治区、宁夏回族自治区和黑龙江省，加征关税产品自美国进口额下滑均超过 50%。

从省区市自美国进口增税产品占自美国进口总额的比例来看，青海省受影响最大，该省 95.1% 的自美国进口额均受加征关税影响，其次为海南省、天津市和新疆维吾尔自治区,以上省区市均有超过70％的自美国进口额受增税影响。从自美国进口受影响产品占本省区市进口总额的比例来看,海南省的进口受冲击最严重,自美国进口增税产品金额占海南省进口总额的27.8％。其次为青海省和天津市。以上省份均有超过10％的进口总额受增税影响。

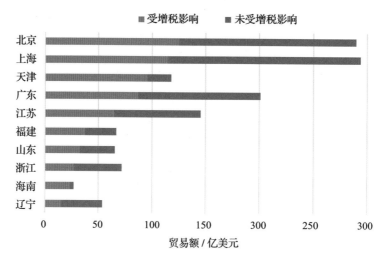

图 5-10　2018 年中国自美国进口受增税影响贸易额排名前十位的省区市

(数据来源:中国海关)

(四)中国与沿线国家进出口中涉及增税产品的贸易现状

1. 中国受增税影响产品对沿线国家出口额占中国对沿线国家出口总额的比例较大

如图 5-11 所示,2018 年,中国受加征关税影响产品对沿线国家出口额约为 4 555.4 亿美元,是同类产品对美出口额的 1.8 倍,这部分产品对沿线国家出口增速为 11.1％,与同类产品对美出口增速持平。增税产品对沿线国家出口额占对这些国家出口总额的 64.5％,相比同类产品出口美国的比例高出 11.5 个百分点。

如图 5-12 所示,自 2017 年起,受影响产品连续两年对沿线国家出口增长较快;自 2014 年起,受影响产品对沿线国家出口比例一直维持在 64％左右,所占比例基本稳定。

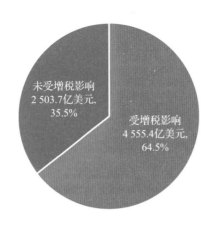

图 5-11 2018 年中国对沿线国家出口的产品中受增税影响的产品出口额比例

（数据来源：中国海关）

图 5-12 2014—2018 年中国对沿线国家出口总额与受增税影响产品出口额

（数据来源：中国海关）

2. 中国受增税影响产品自沿线国家进口额占中国自沿线国家进口总额的比例较小

如图 5-13 所示，2018 年，中国受影响产品自沿线国家进口额约为 2 086.3 亿美元，是同类产品自美国进口额的 3.1 倍，这部分产品自沿线国家进口增速为 24.1%，与同类产品自美国进口下降形成对比。增税产品自沿线国家进口额占自沿线国家进口总额的 37.1%，相比同类产品自美国进口的比例低 6.6 个百分点。

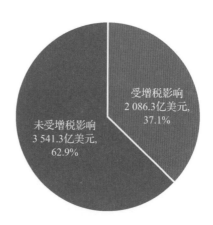

图 5-13 2018 年中国自沿线国家进口的产品中受增税影响的产品进口额比例

（数据来源：中国海关）

如图 5-14 所示,自 2017 年起,增税产品连续两年自沿线国家进口增速超过20％;自 2015 年起,受增税影响产品自沿线国家进口比例均超过 35％,整体上呈现出稳步缓慢增长趋势。

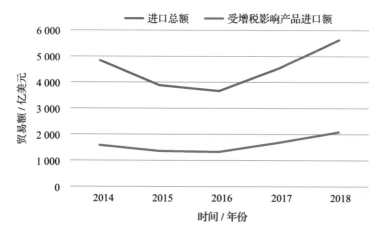

图 5-14 2014—2018 年中国自沿线国家进口总额与受增税影响产品进口额

（数据来源：中国海关）

（五）中国与沿线国家进出口产品中受增税影响主要产品的贸易现状

1. 对美国出口受增税影响主要产品也是中国对沿线国家出口的重要产品

对美国出口受增税影响排名前十的产品中有 5 个为对沿线国家出口排名前二十的产品。其中，对美出口受影响金额最高的产品 851762（接收、转换且发送或再生声音等数据的设备）在对沿线国家出口中排名第九位。从金额看，受增税影响排名前十的产品中除产品 850440（静止式变流器）和 940540（其他电灯及照明装置）外，其他产品对沿线国家出口额均小于对美出口额，如图 5-15 所示。从增长幅度看，除家具类产品 940161（带软垫的木框架坐具）和 940540（其他电灯及照明装置）外，其余产品对沿线国家出口额均出现增长，但除 847150（子目 847141 及847149 以外的处理部件）外，其余七类产品对沿线国家出口增速均低于对美出口增速。

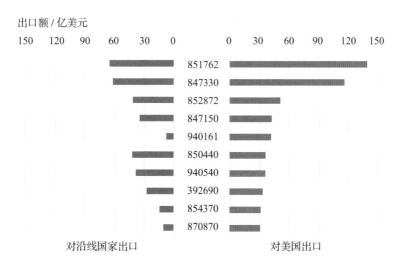

图 5-15　2018 年中国对美国出口受增税影响排名前十的产品在沿线国家出口额

（数据来源：中国海关）

2. 自美国进口受增税影响主要产品大部分不是沿线国家对华出口的主要产品

自美国进口受增税影响排名前十的产品中有 3 个为自沿线国家进口排名前二十产品。这 3 个产品中有 2 个属于能源类产品。如图 5-16 所示，从金额看，自美国进口受增税影响最严重的产品 880240（飞机等航空器，空载重量＞15 吨）无法从沿线国家进口，产品 870380（仅装有驱动电动机的主要用于载人的机动车）[①]自沿线国家进口额仅为 6.5 万美元。能源类产品 271111（液化天然气）和 271112（液化丙烷）自沿线国家进口额高于自美国进口额。产品 870840（机动车辆用变速箱）自沿线国家进口额和自美国进口额大致相当。其余产品进口额均小于自美国进口额。从增长率来看，由于基数相对较小，大部分受影响前十的产品进口增速均大于自美国进口增速。

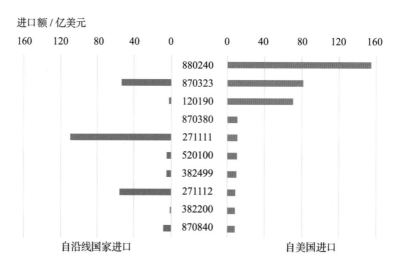

图 5-16　2018 年中国自美国进口受增税影响的前十大产品在沿线国家进口额

（数据来源：中国海关）

---

① 由于金额较小，故在图中无法显示。

（六）中美贸易摩擦下各省区市对沿线国家的贸易

1.除陕西省外,各省区市受美国增税影响产品对沿线国家出口额普遍高于对美出口额

2018 年,在各省区市中,除陕西省外,其他省区市受美国增税影响产品对沿线国家出口额均高于对美出口额,如图 5-17 所示。

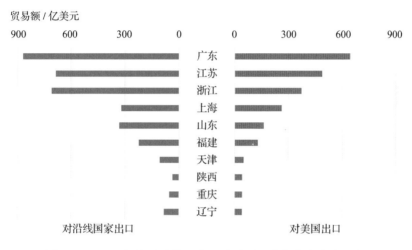

图 5-17　2018 年中国对美国出口受增税影响的前十大省区市

对美国和沿线国家出口受影响产品贸易额

（数据来源：中国海关）

从对沿线国家出口额减去对美出口额的差额来看,沿海省区市普遍高于内陆省区市。差额最大的是浙江省,浙江省对沿线国家出口增税产品比对美国出口同类产品金额高 335.4 亿美元;其余依次为北京市、广东省、江苏省和山东省。以上省区市对沿线国家出口增税产品均超过同类产品对美国出口额 100 亿美元以上。

与各省区市出口总额相比,内陆省区市受增税影响产品对沿线国家出口额占其对外总出口额的比例普遍高于沿海省区市。该比例居前十的省区市中,除海南省和广西壮族自治区外,其余均为内陆省区市,比例最高为海南省,受增税影响产

品对沿线国家出口额占其出口总额的 42.7%,其次为云南省、北京市、内蒙古自治区、甘肃省、广西壮族自治区、黑龙江省和新疆维吾尔自治区,以上各省区市受增税影响产品对沿线国家出口额占各自对外出口总额比例均超过 30%。

2. 内陆省区市受中国增税影响产品自沿线国家进口额占其进口总额比例更高

2018 年,在各省区市中,除西藏自治区[①]、海南省和天津市外,其他省区市受中国增税影响产品自沿线国家进口额均高于自美国进口额,如图 5-18 所示。从对沿线国家出口额减去对美出口额的差额来看,沿海省区市同样普遍高于内陆省区市。差额最大的是广东省,广东省自沿线国家进口受增税影响产品比同类产品自美国进口额高 436.2 亿美元。其次为上海市、江苏省和浙江省,以上省区市自沿线国家进口受增税影响产品均超过同类产品自美国进口额 100 亿美元以上。

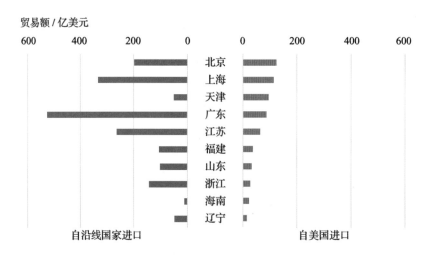

图 5-18 2018 年中国自美国进口受增税影响的前十大省区市

自美国和沿线国家进口受增税影响产品贸易额

(数据来源:中国海关)

与各省进口总额相比,内陆省区市受增税影响产品自沿线国家进口额占其进

---

① 西藏自治区不在中国自美国进口受增税影响的前十大省市中,故在图中没显示。

口总额的比例也普遍高于沿海省区市。该比例列前十位的省区市中,除广东省和福建省外,其余均为内陆省区市,比例最高的是新疆维吾尔自治区,受增税影响产品自沿线国家进口额占其进口总额的 43.1%,其次为甘肃省和内蒙古自治区,以上各省区市受增税影响产品自沿线国家进口额占其进口总额比例均超过 35%。

(七)总结

由于中美贸易政策和贸易环境的不确定性,2018 年美国自中国的进口出现"囤货"现象,中国对美出口额及顺差额均创新高。其中,受美国增税影响的产品对美出口增速高于平均水平。中国自美国进口增速较 2017 年大幅放缓,受中国增税影响的自美国进口产品金额出现下滑。从受增税影响产品结构来看,随着中国产业结构升级,电子类产品及零部件大量出口美国,且增速较快,因此在贸易摩擦中受影响相对严重。但由于美国无法在短期内找到可以替代中国高性价比产品的商品,因此在贸易环境不确定性增加的前提下会增加库存,加大购买量。中国自美国进口主要商品为农产品、能源产品等大宗商品以及飞机等高科技产品,买家以国企为主,因此中国的贸易政策对相关产品自美国进口影响的时效性更强。

对于受中美贸易摩擦影响的产品,沿线国家产品对受美国增税影响产品会产生一定的贸易替代效应,但效应相对有限,且总体来说出口替代大于进口替代。对于出口来说,受增税影响产品对沿线国家出口额大于同类产品对美出口额,从市场规模看可以产生一定的替代效应。但是受增税影响的产品对沿线国家出口与对美出口的增速大致相当,且这些产品对沿线国家出口所占比例高于同类产品对美出口所占比例。因此,进一步拓展此类产品在沿线国家中的市场份额存在一定难度。从进口来看,除能源类产品外,中国从沿线国家寻找进口替代比较困难。很多受增税影响产品,尤其是飞机等高科技产品无法从沿线国家中找到货源。因此,沿线国家的进口替代效应相对较弱。

各省区市中,陕西省的出口受影响最大。该省受增税影响产品对美出口额占其出口总额比例最高,且此类产品对美出口增速达 22.3%。陕西省对沿线国家出口受增税影响产品额少于对美出口产品额,且占其出口总额比例较低,因此陕西省通过沿线国家进行出口替代的难度较大。总体而言,沿海省区市由于受增税影响产品对美出口金额高、占比大,其出口受贸易摩擦的影响比内陆省区市大。从进口来看,天津市所受影响相对较大,该市13.4%的进口总额受影响,而同类产品从沿线国家进口额只占7%,且增速只有3.8%。因此天津通过沿线国家进行进口替代较为困难。总体而言,由于沿线国家只能满足部分能源类产品的进口替代,其余商品替代能力相对较弱,因此贸易摩擦对各省区市进口形势均会造成一定的影响。

投资篇

一、沿线国家与全球投资合作

2016年以来,沿线国家吸引外商直接投资总流量(简称外资总流量)相对稳定,且2018年吸引外资总流量达到近五年的最高水平;沿线国家对外投资总流量在2015年和2016年明显下降,2017年开始回升。2018年,沿线国家对外投资总流量仅为吸引外资总流量的54.6%;截至2018年,沿线国家对外投资总存量占吸引外商直接投资总存量(简称外资总存量)的48.1%。从沿线各国家来看,新加坡仍是吸引外资和对外投资最多的国家,但是其对外投资总额较2017年下降了15.0%。

(一)沿线国家吸引外资规模

1.沿线国家吸引外资总流量近两年保持平稳

从流量来看,自2015年起,沿线国家吸引外资总流量呈上升趋势,如图1-1所示。2018年,沿线国家吸引外资总流量为3 383.6亿美元,较2017年增长0.3%,占全球吸引外资总流量的26.1%,比例较2017年上升3.6个百分点。

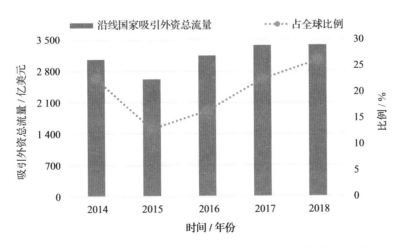

图1-1　2014—2018年沿线国家吸引外资总流量及占全球比例
(数据来源:联合国贸发会议发布《世界投资报告》)

2. 沿线国家吸引外资总存量呈上升趋势，占全球比例稳中有升

从存量来看，2014—2018 年，沿线国家吸引外资总存量呈逐年增长的趋势。截至 2018 年末，沿线国家吸引外资总存量为 55 008.1 亿美元，较 2017 年增长 1.7%。从占比来看，沿线国家吸引外资总存量占全球吸引外资总存量的比例呈缓慢增长的趋势，2018 年为 17.0%，较 2016 年上升 0.4 个百分点，如图 1-2 所示。

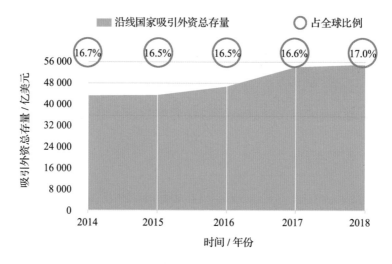

图 1-2　2014—2018 年沿线国家吸引外资总存量及占全球比例

（数据来源：联合国贸发会议发布《世界投资报告》）

（二）沿线国家对外投资规模

1. 2018 年，沿线国家对外投资总流量继续回升

《世界投资报告 2019》的数据显示，2014—2018 年，沿线国家中，共有 56 个国家存在对外投资。从流量来看，2018 年，沿线国家对外投资总流量持续回升，回升至 1 846.5 亿美元，较 2016 年增长 2.7%，增速较 2017 年放缓，占全球对外投资总流量的比例为 18.2%，较 2017 年上升 5.6 个百分点，如图 1-3 所示。

2. 沿线国家对外投资总存量占全球比例略升

从存量来看，2014—2018 年，沿线国家对外投资总存量呈逐年上升的趋势，占

全球投资总存量的比例由 7.5% 上升至 8.5%,如图 1-4 所示。截至 2018 年末,沿线国家对外投资总存量达到 26 466.9 亿美元,较 2016 年增长 3.8%,占全球对外投资总存量的 8.5%,比例较 2017 年上升 0.6 个百分点。

图 1-3 2014—2018 年沿线国家对外投资总流量及占全球比例
(数据来源:联合国贸发会议发布《世界投资报告》)

图 1-4 2014—2018 年沿线国家对外投资总存量及占全球比例情况
(数据来源:联合国贸发会议发布《世界投资报告》)

(三)沿线国家与全球投资类型

1. 沿线国家吸引外商投资以绿地投资为主

全球在沿线国家的投资主要以绿地投资为主。2018 年,全球在沿线国家进行绿地投资共 5 706 项,投资额为 3 961.6 亿美元,投资额较 2017 年上升 53.8%;同期,全球在沿线国家进行跨国并购共 787 项,并购额为 819.6 亿美元,并购额较 2017 年增长 6.5%,如图 1-5 所示。

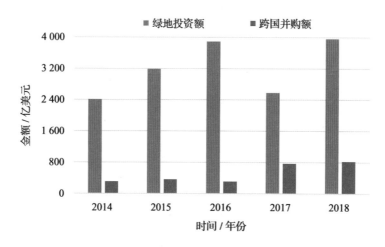

图 1-5　2014—2018 年沿线国家吸引全球绿地投资和跨国并购情况

(数据来源:联合国贸发会议发布《世界投资报告》)

2. 沿线国家对外绿地投资额出现增长,跨国并购额持续下滑

2018 年,沿线国家对外绿地投资 1 984 项,投资额大幅回升,回升至 1 625.4 亿美元,达到近五年最高点,投资额较 2017 年增长 31.8%。近两年,沿线国家跨国并购额大幅下降,2018 年进行跨国并购 497 项,跨国并购额为 195.8 亿美元,较 2017 年下降 47.8%,如图 1-6 所示。

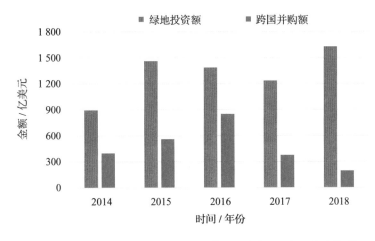

图 1-6　2014—2018 年沿线国家对外绿地投资和跨国并购情况

（数据来源：联合国贸发会议发布《世界投资报告》）

(四)"一带一路"沿线主要国家与全球投资

1. 新加坡吸引外资优势明显,俄罗斯降幅较大

2018 年,在沿线国家中,新加坡吸引外资流量最大,达到 776.5 亿美元,较 2017 年增长 2.5%,占沿线国家吸引外资总流量的 22.9%;其次是印度,为 422.9 亿美元,较 2017 年增长 6.0%;印度尼西亚和以色列吸引外资流量分别为 219.8 亿美元、218.0 亿美元,分别较 2017 年增长 6.8%、20.0%。在吸引外资流量前十的沿线国家中,泰国吸引外资的增幅最大,较 2017 年增长 62.0%;俄罗斯降幅最大,较 2017 年下降 48.6%。在沿线国家中,吸引外资流量前十位的国家多为东南亚国家。新加坡进入全球前十大吸引外资国家名单,在全球排名第四位,如图 1-7 所示。

2. 沙特阿拉伯和印度尼西亚对外投资流量增幅明显

2018 年,在沿线国家中,新加坡对外投资流量最大,达到 371.4 亿美元,较 2017 年下降 15.0%,占沿线国家对外投资总流量的 20.1%;其次是俄罗斯,为 364.4 亿美元,较 2017 年增长 6.7%,占沿线国家对外投资总流量的 19.7%;沙特阿拉伯对外投资流量为 212.2 亿美元,较 2017 年增长近 2 倍,占沿线国家对外投资总流量的 11.5%;印度尼西亚对外投资较 2017 年增长近 3 倍。对外投资流量排名前十位的国家多为西亚北非地区和东南亚地区的国家,如图 1-8 所示。

图 1-7　2018 年沿线国家吸引外资流量排名前十位的国家

（数据来源:联合国贸发会议发布《世界投资报告》）

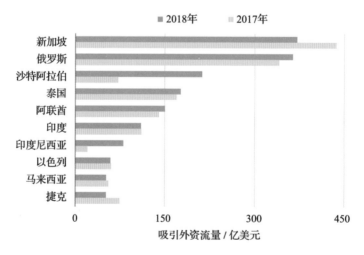

图 1-8　2018 年沿线国家对外投资流量排名前十位的国家

（数据来源:联合国贸发会议发布《世界投资报告》）

二、欧盟、美国、日本对沿线国家投资情况

从欧盟、美国、日本对沿线国家的投资流量来看,2017年,日本和美国在沿线国家的投资实力相当,日本投资额通过汇率换算为242.6亿美元,略高于美国(239.1亿美元)。2017年,欧盟对沿线国家的投资流量骤降,主要是由于欧盟对新加坡投资额大幅下降了95%,对俄罗斯的投资由净流入转向大幅净流出。

分国别来看,新加坡对美国和日本资本仍有较强的吸引力,印度对欧盟和美国资本的吸引力在上升;泰国对日资的吸引力在上升,但美资在泰国呈现大幅净流出。

(一)欧盟、美国、日本对沿线国家投资的规模

1. 欧盟对"一带一路"沿线非欧盟国家的投资在 2017 年下降明显

2017年,欧盟对非欧盟国家的投资整体处于下降的状态,对"一带一路"沿线非欧盟国家的投资流量出现断崖式下跌,由2016年的611.7亿欧元跌至70.8亿欧元,仅占欧盟对非欧盟国家投资总流量的3.2%,出现这种现象,主要是由于2017年欧盟对新加坡、阿联酋、俄罗斯、哈萨克斯坦投资流量出现大幅下滑,如图2-1所示。

2. 美国对沿线国家投资在 2014 年后出现萎缩

2015年以来,美国对沿线国家投资流量呈萎缩的状态,主要源于2015年、2016年美国对新加坡、阿联酋和泰国等国家的投资大幅减少,对马来西亚的投资产生较大负流量。2017年出现回升的趋势,投资流量为239.1亿美元,较2016年增长45.8%,但仍不足2014年的50%,占美国对外投资流量的8.0%,如图2-2所示。

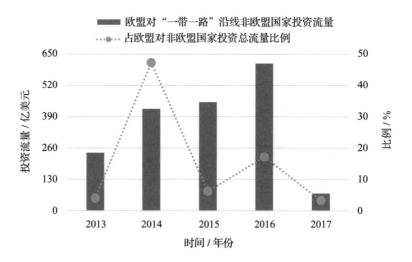

图 2-1　2013—2017 年欧盟对"一带一路"沿线非欧盟国家投资流量及
占欧盟对非欧盟国家投资总流量比例

（数据来源:欧盟统计局）

图 2-2　2013—2017 年美国对沿线国家投资流量及占美国对外投资流量比例

（数据来源:美国经济分析局）

3. 日本对沿线国家投资在 2016 年下滑明显

日本对沿线国家的投资流量在 2016 年出现了断崖式下滑,主要是由于日本在 2016 年第二和第三季度对新加坡金融保险业的投资出现大量的负流量。

2017 年,日本对沿线国家的投资流量企稳回升,回升至 27 156.9 亿日元,占日本对外投资流量的 15.1％,如图 2-3 所示。

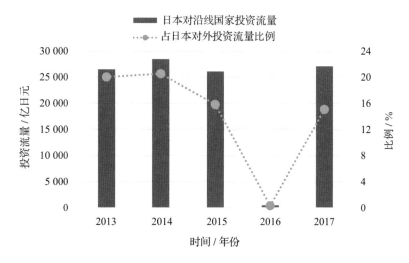

图 2-3　2013—2017 年日本对沿线国家投资流量及占日本对外投资流量比例

（数据来源:日本银行）

(二)欧盟、美国、日本在"一带一路"沿线投资的主要国家

1.欧盟对印度投资流量最大,对新加坡投资骤降

2017 年,在"一带一路"沿线非欧盟国家中,欧盟对印度投资流量最大,为 57.1 亿美元,较 2016 年增长 7.4％;其次是阿联酋,为 48.8 亿美元,但较 2016 年大幅下降 68.4％;对马来西亚的投资由 2016 年的 −207.5 亿美元增至 18.6 亿美元;对新加坡的投资由 2016 年的 392.3 亿美元降至 19.5 亿美元,如图 2-4 所示。欧盟对"一带一路"沿线非欧盟国家中 20 个国家的投资额净流出,其中对俄罗斯的投资由 2016 年的 60.8 亿美元降至 2017 年的 −102.0 亿美元;对哈萨克斯坦投资由 2016 年的 38.5 亿美元降至 2017 年的 −49.8 亿美元,如图 2-5 所示。

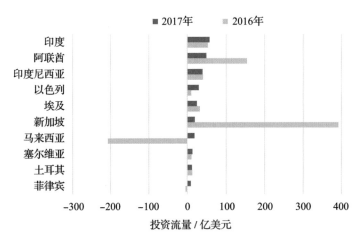

图 2-4　2017 年欧盟对"一带一路"沿线非欧盟国家投资流量排名前十位的国家
（数据来源：欧盟统计局，根据 2017 年欧元兑美元平均汇率换算）

图 2-5　2017 年欧盟对"一带一路"沿线非欧盟国家投资流量排名后十位的国家
（数据来源：欧盟统计局，根据 2017 年欧元兑美元平均汇率换算）

2. 美国对新加坡投资增幅明显，对沿线 11 个国家投资额净流出

在沿线国家中，新加坡对美国资本的吸引具有绝对优势，2017 年，美国对新加坡投资流量为 172.2 亿美元，较 2016 年增长 57.3%；其次是印度，为 42.4 亿美元，较 2016 年增长 11.9%，如图 2-6 所示；美国对部分国家投资流量年际间的波动性较大，例如阿联酋、匈牙利、马来西亚、俄罗斯和泰国等。美国对沿线 11 个国家产生不同程度的负流量，其中对泰国的投资流量由 2016 年的 15.0 亿美元降至 2017 年的 -33.6 亿美元；对埃及已连续两年出现负流量，2017 年达 -17.1 亿美

元,如图 2-7 所示。

图 2-6　2017 年美国对沿线国家投资流量排名前十位的国家

（数据来源：美国经济分析局）

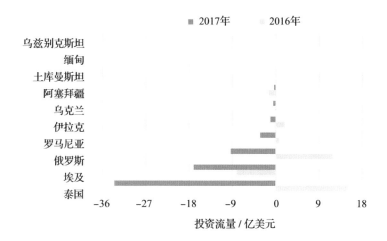

图 2-7　2017 年美国对沿线国家投资流量排名后十位的国家

（数据来源：美国经济分析局）

3. 日本对新加坡投资流量由负转正,对沿线 7 个国家投资额净流出

2017 年,在沿线国家中,日本对新加坡投资流量最大,为 70.5 亿美元,扭转了 2016 年大额净流出的局面;其次是泰国,为 52.6 亿美元,较 2016 年增长 32.4%;日本对以色列和阿联酋的投资流量出现大幅的增长,分别较 2016 年增长 5 倍、

3 倍;对印度和菲律宾的投资流量降幅较大,分别较 2016 年下降 73.9%、55.0%,如图 2-8 所示。日本对沿线 7 个国家投资产生不同程度的负流量,其中对科威特的负流量最大,为－4 879.9 万美元;其次是孟加拉国,为－3 674.3 万美元;对文莱的投资连续两年产生负流量,2017 年达到－2 725.2 万美元,如图 2-9 所示。

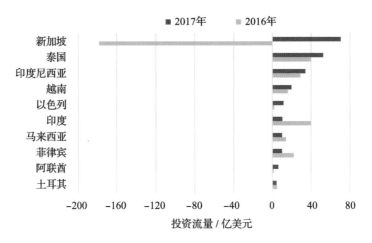

图 2-8　2017 年日本对沿线国家投资流量排名前十位的国家

（数据来源:日本银行,根据 2017 年日元兑美元平均汇率换算）

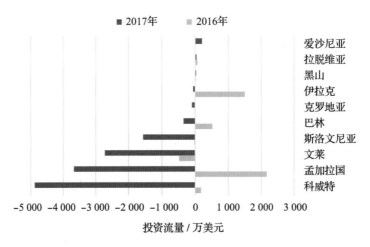

图 2-9　2017 年日本对沿线国家投资流量排名后十位的国家

（数据来源:日本银行,根据 2017 年日元兑美元平均汇率换算）

三、中国对沿线国家投资情况

2017年,中国对沿线国家投资流量增长三成以上,对新加坡、哈萨克斯坦、老挝等国的投资流量增长明显。截至2017年,中国对沿线国家投资存量占中国对外投资总存量的8.5%;截至2018年,中国在沿线国家设立企业数量占中国在境外设立企业总数的22.3%。可见,中国在沿线国家投资单个企业的投资额远低于中国对非沿线国家投资单个企业的投资额。投资企业主要分布在东南亚国家,投资的重大项目主要集中在能源、运输、房地产等行业。

(一)中国对沿线国家投资的规模

1.中国对沿线国家投资流量逆势增长

2017年,中国对外投资整体流量呈收缩状态,较2016年下降19.3%,是自2003年中国发布年度统计数据以来的首次负增长,但中国对沿线国家的投资流量却逆势上扬,达到近5年最高峰,为201.7亿美元,较2016年增长31.5%,占中国对外投资总流量的12.7%,比例较2016年上升4.9个百分点,如图3-1所示。

2.中国对沿线国家投资存量突破1 500亿美元

2013年以来,中国对沿线国家投资存量保持高速增长,平均增速为22.3%,但占中国对外投资的比例却呈缓慢下降趋势。截至2017年末,中国对沿线国家投资存量达到1 544.0亿美元,占中国对外投资总存量比例的8.5%,较2016年下降1个百分点,如图3-2所示。

图 3-1　2013—2017 年中国对沿线国家投资流量及占中国对外投资总流量比例

（数据来源：《2017 年度中国对外直接投资统计公报》）

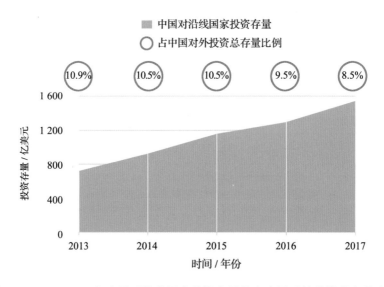

图 3-2　2013—2017 年中国对沿线国家投资存量及占中国对外投资总存量比例

（数据来源：《2017 年度中国对外直接投资统计公报》）

（二）中国在"一带一路"沿线投资的主要国家

1. 2017 年,中国对新加坡投资流量增长近一倍

2017 年,在沿线国家中,中国对新加坡投资流量最大,达到 63.2 亿美元,较 2016 年增长近 1 倍,占中国对沿线国家投资总流量的 31.3％,占新加坡吸引外资总流量的 10.2％;其次是哈萨克斯坦,中国对哈萨克斯坦的投资流量呈现跳跃式的增长,达到 20.7 亿美元,较 2016 年增长超 3 倍,占中国对沿线国家投资总流量的 10.3％;对老挝的投资流量也比 2016 年增长近 3 倍;对马来西亚、泰国、越南的投资出现不同程度的下降;中国对沿线国家投资流量排名前十位的主要为东南亚地区的国家,如图 3-3 所示。

图 3-3　2017 年中国对沿线国家投资流量排名前十位的国家

（数据来源:《2017 年度中国对外投资统计公报》）

2. 沿线国家中,中国对俄罗斯投资存量居第二位

截至 2017 年,在沿线国家中,中国对新加坡投资存量最大,达到 445.7 亿美元,占中国对沿线国家投资总存量的 28.9％;其次是俄罗斯,中国对俄罗斯的投资存量为 138.7 亿美元,占中国对沿线国家投资总存量的 9.0％;印度尼西亚、哈萨克斯坦和老挝分列第三、第四、第五位,投资存量分别为 105.4 亿美元、75.6 亿美元、66.5 亿美元,如图 3-4 所示。

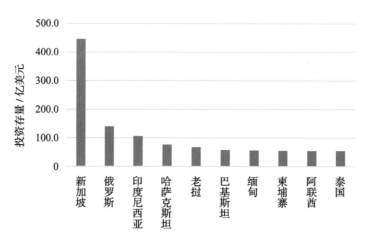

图 3-4　截至 2017 年中国对沿线国家投资存量排名前十位的国家

(数据来源:《2017 年度中国对外直接投资统计公报》)

(三)中国对沿线国家投资的企业

1. 截至 2018 年底,中国共在沿线国家设立企业(机构)7 000 多家

境外投资企业(机构)备案结果公开名录的数据显示,截至 2018 年底,中国共在沿线国家投资设立企业(机构)近 7 300 家,占中国在境外设立企业(机构)总数的 22.3%。中国在沿线国家投资设立的企业主要分布在东南亚地区,占中国在沿线国家投资设立企业(机构)总数的 56.8%;其次是南亚地区(14.3%)、西亚北非地区(10.7%)。从各沿线国家来看,中国在新加坡投资行为最为活跃,投资设立企业达到 756 家,所占比例为 10.5%,其次是越南(8.0%)、印度尼西亚(7.8%)、马来西亚(7.0%),如图 3-5 所示。

2. 中国石油技术开发有限公司在沿线投资企业数量最多

截至 2018 年底,中国石油技术开发有限公司在沿线国家投资设立企业数量最多,达到 29 家,这 29 家企业分布在哈萨克斯坦、阿联酋、乌兹别克斯坦等 21 个国家。其次是中国土木工程集团有限公司(27 家)、中国建筑股份有限公司(22 家)、中国水利电力对外有限公司(21 家),见表 3-1。

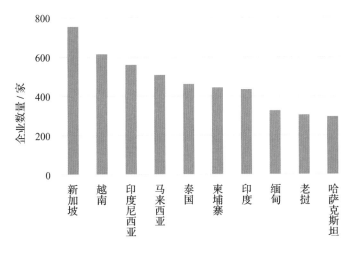

图 3-5 截至 2018 年底中国在沿线国家投资设立企业数量排名前十位的国家

（数据来源：中国商务部）

表 3-1　　　　　截至 **2018** 年底在沿线国家投资企业数量前四位的中国企业

中国投资 主体名称	在沿线投资 企业总数（家）	在沿线各国投资企业数量（家）
中国石油技术 开发有限公司	29	哈萨克斯坦(6)、阿联酋(3)、乌兹别克斯坦(2)、越南(1)、印度尼西亚(1)、印度(1)、叙利亚(1)、新加坡(1)、乌克兰(1)、土库曼斯坦(1)、泰国(1)、塔吉克斯坦(1)、沙特阿拉伯(1)、罗马尼亚(1)、科威特(1)、卡塔尔(1)、吉尔吉斯斯坦(1)、白俄罗斯(1)、埃及(1)、阿塞拜疆(1)、阿曼(1)
中国土木工程 集团有限公司	27	阿联酋(2)、卡塔尔(2)、越南(1)、印度尼西亚(1)、以色列(1)、新加坡(1)、乌兹别克斯坦(1)、泰国(1)、塔吉克斯坦(1)、沙特阿拉伯(1)、塞尔维亚(1)、尼泊尔(1)、罗马尼亚(1)、缅甸(1)、马来西亚(1)、科威特(1)、柬埔寨(1)、吉尔吉斯斯坦(1)、黑山(1)、哈萨克斯坦(1)、菲律宾(1)、波兰(1)、白俄罗斯(1)、巴基斯坦(1)、埃及(1)
中国建筑股份 有限公司	22	哈萨克斯坦(2)、马尔代夫(2)、以色列(1)、文莱(1)、土库曼斯坦(1)、泰国(1)、斯洛文尼亚(1)、斯里兰卡(1)、塞尔维亚(1)、缅甸(1)、孟加拉国(1)、蒙古(1)、马来西亚(1)、老挝(1)、科威特(1)、柬埔寨(1)、菲律宾(1)、巴基斯坦(1)、埃及(1)、阿尔巴尼亚(1)
中国水利电力 对外有限公司	21	老挝(5)、哈萨克斯坦(3)、印度尼西亚(2)、尼泊尔(2)、约旦(1)、泰国(1)、印度(1)、斯里兰卡(1)、塞尔维亚(1)、缅甸(1)、马来西亚(1)、北马其顿(1)、巴基斯坦(1)

（数据来源：中国商务部）

(四)中国对沿线国家投资的重点项目

1. 中国对沿线国家重大项目投资额下降 10.1%

2017 年,中国在沿线国家投资 1 亿美元以上项目[①]超过 150 项,项目总金额达862.5 亿美元,较 2016 年有所收缩,下降 10.1%,占中国对外投资重大项目总额的31.0%,如图 3-6 所示。从国家分布来看,这些项目主要投向新加坡、阿联酋、俄罗斯、印度尼西亚、老挝和巴基斯坦等国家,其中在新加坡投资的重大项目额占沿线国家投资重大项目总额比例达 16.4%。

图 3-6 2013—2017 年中国对沿线国家投资重大项目额及占中国对外投资重大项目总额比例
(数据来源:美国企业研究所)

2. 中国对沿线国家重大项目投资主要分布在能源和运输行业

从行业分布来看,如图 3-7 所示,2017 年,中国在沿线国家投资 1 亿元以上的项目主要分布在能源、运输、房地产和物流四大行业。对能源行业的投资额比例达到 34.9%,主要包括石油、气体和水力发电等项目;对运输行业投资重大项目额为 240.1 亿美元,比例为 27.8%;对房地产和物流行业的重大项目投资额分别为101.3 亿美元和 100.9 亿美元。

---

① 包括对外投资和对外工程项目投资。

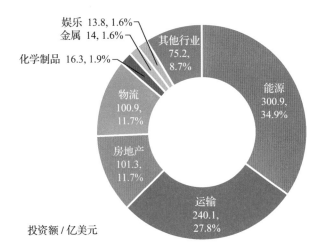

娱乐 13.8, 1.6%
金属 14, 1.6%
化学制品 16.3, 1.9%
物流 100.9, 11.7%
房地产 101.3, 11.7%
其他行业 75.2, 8.7%
能源 300.9, 34.9%
运输 240.1, 27.8%

投资额/亿美元

图 3-7 2017 年中国对沿线国家投资重大项目行业分布
（数据来源：美国企业研究所）

四、沿线国家对中国投资情况

2017年,中国对沿线国家投资流量超过200亿美元,而沿线国家对中国实际投资额仅为55.6亿美元,存在显著的非对称性。新加坡对中国的投资额占沿线国家对中国投资总额的85.6%,投资企业数量比例为41.7%,说明新加坡在中国投资单个企业的投资额明显高于其他沿线国家。沿线国家在长三角和珠三角地区投资的企业数量最多,北京市的沿线国家投资企业数量在31个省区市中仅列第七位。

(一)沿线国家对中国投资规模

1. 沿线国家对中国投资额回升

2018年,沿线国家对中国实际投资额在经历连续两年下滑后出现回升,增至64.5亿美元,较2016年增长16.0%,占中国实际使用外资额的4.8%,如图4-1所

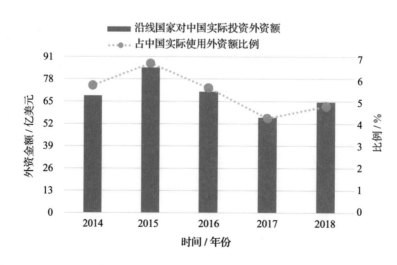

图4-1　2014—2018年沿线国家对中国实际投资额及占中国实际使用外资额比例

(数据来源:中国商务部)

示。从投资行业来看,2017 年,沿线国家在中国投资主要分布在制造业、房地产业、租赁和商务服务业,分别占沿线国家在中国实际投资额的 28.1%、19.4% 和 13.6%。

2.沿线国家在中国投资企业数量持续上升

2014 年以来,沿线国家在中国投资设立企业数量呈逐年增长的趋势,年均增长率为 25.1%。2018 年,沿线国家在中国投资设立企业 4 479 家,占外商在中国投资设立企业总数比例的 7.4%,比例较 2017 年下降 3.4 个百分点,如图 4-2 所示。

图 4-2　2014—2018 年沿线国家在中国投资设立企业数及占外商在中国投资设立企业总数比例
（数据来源：中国商务部）

(二)对中国投资的主要沿线国家

1.沿线国家中,新加坡对中国投资额一枝独秀

在沿线国家中,2017 年新加坡对中国投资额一枝独秀,达到 47.6 亿美元,较 2016 年下降 21.2%,占沿线国家在中国投资额的 85.6%;其次是印度,为 1.6 亿美元,较 2016 年增长超 2 倍,占比 2.9%;2017 年,乌克兰在中国投资额陡增,由 172 万美元增至 2 707 万美元;俄罗斯在中国投资也较 2016 年增长 3.8 倍,如图 4-3 所示。

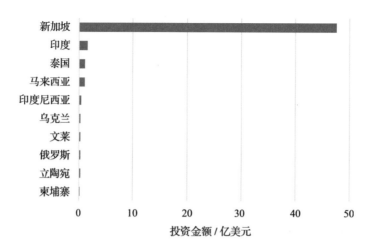

图 4-3　2017 年沿线国家在中国投资金额排名前十位的国家

（数据来源：中国商务部）

2. 新加坡在中国投资企业数量占沿线国家在中国投资企业总数的四成以上

从沿线国家在中国投资企业数量来看，截至 2018 年末，新加坡在中国投资设立企业数量最多，占比高达 41.8％；其次为马来西亚（7.9％）、印度（5.1％）、文莱（4.0％）。结合各国投资总额也可以看出，新加坡在中国投资企业的平均投资额更高；马来西亚、印度等国在中国投资单个企业的平均投资额较低，如图 4-4 所示。

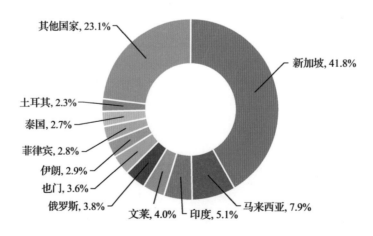

图 4-4　截至 2018 年末沿线国家在中国投资企业数量排名前十位的国家

（数据来源：中国商务部）

(三)沿线国家对中国投资企业分布

1. 沿线国家在广东投资企业数量最多

从沿线国家在中国的投资企业数量分布来看,截至 2018 年底,沿线国家在广东省投资企业数量最多,占沿线国家在中国投资企业总数的 16.9%;其次是江苏省,占比 13.8%;在上海市投资企业数量居第三位(占 10.7%);浙江省居第四位(占 10.4%)。排名前四位地区的企业数量占沿线国家在中国投资企业总数的一半以上,达到 51.8%。排名后五位的地区分别为贵州省、甘肃省、宁夏回族自治区、西藏自治区、青海省,五地企业数量合计占沿线国家在中国投资企业总数的比例不足 1%,如图 4-5 所示。

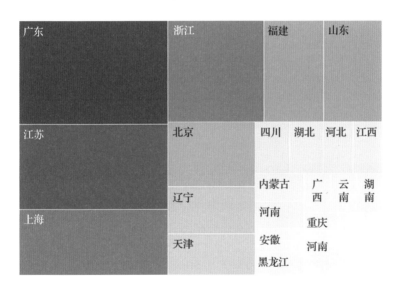

图 4-5 截至 2018 年底沿线国家在中国各省区市投资企业数量分布

(数据来源:中国商务部)

2. 沿线国家在中国投资企业行业分布广泛

从沿线国家在中国的投资企业所属的细分行业来看,截至 2018 年底,沿线国家在其他专业咨询与调查行业投资企业数量最多,占沿线国家在中国投资企业总数的比例超过 4%;其次是其他未列明批发业、房地产开发经营行业,二者占沿线国家在中国投资企业总数的比例均超过 3%。整体来看,沿线国家在中国投资企业所属行业分布广泛,以制造业居多,服务业也占据了较大比例,如图 4-6 所示。

图 4-6　截至 2018 年底沿线国家在中国投资企业的主要行业分布

(数据来源:中国商务部)

五、沿线国家参加的贸易与投资协定

截至 2018 年底,沿线国家共参加了 178 个自由贸易协定,除东帝汶和伊朗外,每个国家都至少参加了 1 个自由贸易协定;沿线国家共签署了 2 220 个投资协定(含包含投资条款的其他经济协定),所有国家均参加了投资协定。

(一)沿线国家的自由贸易协定

1. 欧盟成员、埃及参加的自由贸易协定数量较多

从自由贸易协定数量看,爱沙尼亚、保加利亚、波兰、捷克、克罗地亚、拉脱维亚、立陶宛、罗马尼亚、斯洛伐克、斯洛文尼亚和匈牙利等欧盟成员参加的自由贸易协定数量最多,原产于这些国家的绝大多数产品可以自由进入全球 100 多个经济体;其次是埃及,其产品可以自由进入全球 53 个经济体,但主要集中在中东、北非和南美洲地区。

2. 蒙古、南亚及中亚国家参加的自由贸易协定较少

蒙古只参加了一个自由贸易协定。土库曼斯坦虽然参加了 5 个自由贸易协定,但由于成员重复,其产品只能自由进入 4 个国家的市场。阿富汗、斯里兰卡、不丹、马尔代夫、尼泊尔、孟加拉国分别与 7 个国家签署了自由贸易协定,巴基斯坦与 9 个国家签署了自由贸易协定,阿塞拜疆、塔吉克斯坦、乌兹别克斯坦分别与 10 个国家签署了自由贸易协定。

3. 在非沿线国家中,中小型经济体与沿线国家签署的协定较多

冰岛和瑞士分别与沿线 27 个国家签署了自由贸易协定,列支敦士登和挪威分别与沿线 26 个国家签署了自由贸易协定,摩洛哥、突尼斯和韩国分别与沿线 24 个国家签署了自由贸易协定。

4. 中国仅与沿线国家签署了 4 个自由贸易协定

中国与沿线国家签署了 4 个自由贸易协定,共涉及 12 个国家,包括新加坡、马来西亚、印度尼西亚、泰国、菲律宾、文莱、越南、老挝、缅甸、柬埔寨、格鲁吉亚、巴基斯坦。其中与东盟的自由贸易协定签署时间最早,于 2005 年生效,其次是巴基斯坦(2007 年)、新加坡(2009 年)、格鲁吉亚(2018 年)。

图 5-1 所示为沿线国家参加的自由贸易协定网络。

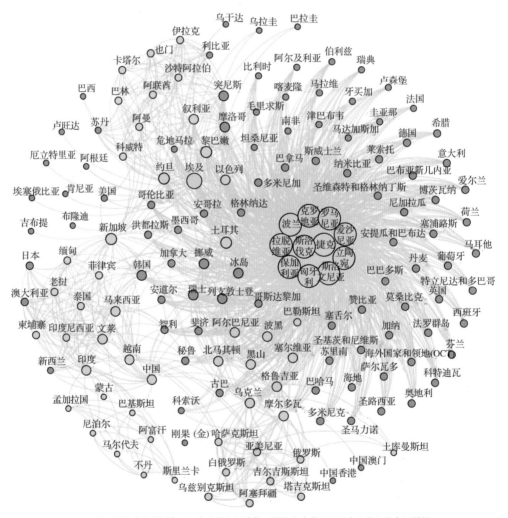

注:绿色为沿线国家,红色为其他经济体;圈的大小表示可以自由进入的市场数量

图 5-1 沿线国家参加的自由贸易协定网络

(资料来源:WTO 区域贸易协定信息系统)

(二)沿线国家参加的投资协定

1. 欧盟成员、埃及、中国参加的投资协定数量较多

11 个欧盟成员仍然是投资协定伙伴最多的国家,超过 140 个。埃及的投资协定伙伴有 141 个,与自由贸易协定伙伴不同,其投资协定伙伴分布广泛,并包括欧盟、美国、日本、中国等大型经济体。中国的投资协定伙伴有 132 个,分布比较广泛,与欧盟、日本及北美洲的加拿大和墨西哥均签署了投资协定,与美国的投资协定仍在谈判中。

2. 东帝汶及南亚部分国家参加的投资协定较少

东南亚的东帝汶和南亚的一些国家参加的投资协定较少。东帝汶建国时间比较晚,仅与卡塔尔在 2012 年签署了一个投资协定。不丹与 9 个经济体签署了投资协定,这 9 个经济体多为南亚地区的国家;尼泊尔与 25 个经济体签署了投资协定。

3. 在非沿线国家中,发达国家与沿线国家签署的协定最多

在投资协定伙伴分布中,德国和法国分别覆盖沿线国家中的 61 个和 60 个,卢森堡和瑞士分别覆盖 56 个,比利时、芬兰、荷兰、瑞典、英国分别覆盖 55 个,奥地利和西班牙分别覆盖 54 个,丹麦和日本分别覆盖 53 个,美国和希腊分别覆盖 51 个。

4. 中国与 56 个沿线国家签署投资协定

中国签署的有沿线国家参加的投资协定有 50 多个,覆盖了 56 个沿线国家。截至 2018 年底,中国尚未与东帝汶、尼泊尔、马尔代夫、不丹、伊拉克、阿富汗、巴勒斯坦、黑山签署投资协定。在沿线国家中,中国与泰国签署的双边投资协定时间最早,为 1985 年,并于同年生效。

图 5-2 所示为沿线国家参加的投资协定网络。

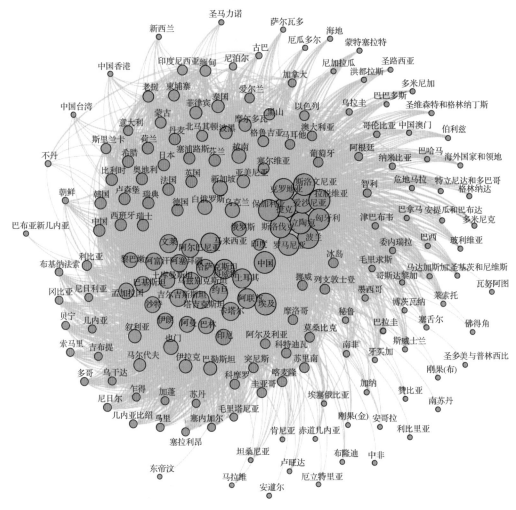

注：绿色为沿线国家，红色为其他经济体；圈的大小表示投资协定伙伴的数量

图 5-2　沿线国家参加的投资协定网络

（资料来源：联合国贸发会）

附　录

附录一　商品类别对照表

附表 1-1　　　　　　　　　海关 22 大类商品及具体商品类别对照表

商品大类	商品描述
第 1 类	活动物；动物产品
第 2 类	植物产品
第 3 类	动、植物油、脂及其分解产品；精制的食用油脂；动、植物蜡
第 4 类	食品；饮料、酒及醋；烟草、烟草及烟草代用品的制品
第 5 类	矿产品
第 6 类	化学工业及其相关工业的产品
第 7 类	塑料及其制品；橡胶及其制品
第 8 类	生皮、皮革、毛皮及其制品；鞍具及挽具；旅行用品、手提包及类似容器；动物肠线（蚕胶丝除外）制品
第 9 类	木及木制品；木炭；软木及软木制品；稻草、秸秆、针茅或其他编结材料制品；篮筐及柳条编结品
第 10 类	木浆及其他纤维状纤维素浆；回收（废碎）纸或纸板；纸、纸板及其制品
第 11 类	纺织原料及纺织制品
第 12 类	鞋、帽、伞、杖、鞭及其零件；已加工的羽毛及其制品；人造花；人发制品
第 13 类	石料、石膏、水泥、石棉、云母及类似材料的制品；陶瓷产品；玻璃及其制品
第 14 类	天然或养殖珍珠、宝石或半宝石、贵金属、包贵金属及其制品；仿首饰；硬币
第 15 类	贱金属及其制品
第 16 类	机器、机械器具、电气设备及其零件；录音机及放声机、电视图像、声音的录制和重放设备及其零件、附件
第 17 类	车辆、航空器、船舶及有关运输设备
第 18 类	光学、照相、电影、计量、检验、医疗或外科用仪器及设备、精密仪器及设备；钟表；乐器；上述物品的零件、附件
第 19 类	武器、弹药及其零件、附件
第 20 类	杂项制品
第 21 类	艺术品、收藏品及古物
第 22 类	特殊交易品及未分类商品

附表 1-2 海关 HS2 位商品编码及具体商品描述对照表

HS2 编码	编码描述
1 章	活动物
2 章	肉及食用杂碎
3 章	鱼、甲壳动物、软体动物及其他水生无脊椎动物
4 章	乳品;蛋品;天然蜂蜜;其他食用动物产品
5 章	其他动物产品
6 章	活树及其他活植物;鳞茎、根及类似品;插花及装饰用簇叶
7 章	食用蔬菜、根及块茎
8 章	食用水果及坚果;柑橘属水果或甜瓜的果皮
9 章	咖啡、茶、马黛茶及调味香料
10 章	谷物
11 章	制粉工业产品;麦芽;淀粉;菊粉;面筋
12 章	含油子仁及果实;杂项子仁及果实;工业用或药用植物;稻草、秸秆及饲料
13 章	虫胶;树胶、树脂及其他植物液、汁
14 章	编结用植物材料;其他植物产品
15 章	动、植物油、脂及其分解产品;精制的食用油脂;动、植物蜡
16 章	肉、鱼、甲壳动物、软体动物及其他水生无脊椎动物的制品
17 章	糖及糖食
18 章	可可及可可制品
19 章	谷物、粮食粉、淀粉或乳的制品;糕饼点心
20 章	蔬菜、水果、坚果或植物其他部分的制品
21 章	杂项食品
22 章	饮料、酒及醋
23 章	食品工业的残渣及废料;配制的动物饲料
24 章	烟草、烟草及烟草代用品的制品
25 章	盐;硫黄;泥土及石料;石膏料、石灰及水泥
26 章	矿砂、矿渣及矿灰
27 章	矿物燃料、矿物油及其蒸馏产品;沥青物质;矿物蜡
28 章	无机化学品;贵金属、稀土金属、放射性元素及其同位素的有机及无机化合物
29 章	有机化学品
30 章	药品
31 章	肥料

（续表）

HS2 编码	编码描述
32 章	鞣料浸膏及染料浸膏；鞣酸及其衍生物；染料、颜料及其他着色料；油漆及清漆；油灰及其他类似胶粘剂；墨水、油墨
33 章	精油及香膏；芳香料制品及化妆盥洗品
34 章	肥皂、有机表面活性剂、洗涤剂、润滑剂、人造蜡、调制蜡、光洁剂、蜡烛及类似品、塑型用膏、"牙科用蜡"及牙科用熟石膏制剂
35 章	蛋白类物质；改性淀粉；胶；酶
36 章	炸药；烟火制品；引火合金；易燃材料制品
37 章	照相及电影用品
38 章	杂项化学产品
39 章	塑料及其制品
40 章	橡胶及其制品
41 章	生皮（毛皮除外）及皮革
42 章	皮革制品；鞍具及挽具；旅行用品、手提包及类似容器；动物肠线（蚕胶丝除外）制品
43 章	毛皮、人造毛皮及其制品
44 章	木及木制品；木炭
45 章	软木及软木制品
46 章	稻草、秸秆、针茅或其他编结材料制品；篮筐及柳条编结品
47 章	木浆及其他纤维状纤维素浆；回收（废碎）纸及纸板
48 章	纸及纸板；纸浆、纸或纸板制品
49 章	书籍、报纸、印刷图画及其他印刷品；手稿、打字稿及设计图纸
50 章	蚕丝
51 章	羊毛、动物细毛或粗毛；马毛纱线及其机织物
52 章	棉花
53 章	其他植物纺织纤维；纸纱线及其机织物
54 章	化学纤维长丝；化学纤维纺织材料制扁条及类似品
55 章	化学纤维短纤
56 章	絮胎、毡呢及无纺织物；特种纱线；线、绳、索、缆及其制品
57 章	地毯及纺织材料的其他铺地制品
58 章	特种机织物；簇绒织物；花边；装饰毯；装饰带；刺绣品
59 章	浸渍、涂布、包覆或层压的纺织物；工业用纺织制品

（续表）

HS2 编码	编码描述
60 章	针织物及钩编织物
61 章	针织或钩编的服装及衣着附件
62 章	非针织或非钩编的服装及衣着附件
63 章	其他纺织制成品;成套物品;旧衣着及旧纺织品;碎织物
64 章	鞋靴、护腿和类似品及其零件
65 章	帽类及其零件
66 章	雨伞、阳伞、手杖、鞭子、马鞭及其零件
67 章	已加工羽毛、羽绒及其制品;人造花;人发制品
68 章	石料、石膏、水泥、石棉、云母及类似材料的制品
69 章	陶瓷产品
70 章	玻璃及其制品
71 章	天然或养殖珍珠、宝石或半宝石、贵金属、包贵金属及其制品;仿首饰;硬币
72 章	钢铁
73 章	钢铁制品
74 章	铜及其制品
75 章	镍及其制品
76 章	铝及其制品
77 章	未列明项
78 章	铅及其制品
79 章	锌及其制品
80 章	锡及其制品
81 章	其他贱金属、金属陶瓷及其制品
82 章	贱金属工具、器具、利口器、餐匙、餐叉及其零件
83 章	贱金属杂项制品
84 章	核反应堆、锅炉、机器、机械器具及零件
85 章	电机、电气设备及其零件;录音机及放声机、电视图像、声音的录制和重放设备及其零件、附件
86 章	铁道及电车道机车、车辆及其零件;铁道及电车道轨道固定装置及其零件、附件;各种机械(包括电动机械)交通信号设备
87 章	车辆及其零件、附件,但铁道及电车道车辆除外
88 章	航空器、航天器及其零件

（续表）

HS2 编码	编码描述
89 章	船舶及浮动结构体
90 章	光学、照相、电影、计量、检验、医疗或外科用仪器及设备、精密仪器及设备；上述物品的零件、附件
91 章	钟表及其零件
92 章	乐器及其零件、附件
93 章	武器、弹药及其零件、附件
94 章	家具；寝具、褥垫、弹簧床垫、软座垫及类似的填充制品；未列名灯具及照明装置；发光标志、发光铭牌及类似品；活动房屋
95 章	玩具、游戏品、运动用品及其零件、附件
96 章	杂项制品
97 章	艺术品、收藏品及古物
98 章	特殊交易品及未分类商品

附表 1-3　　　　　本报告中出现过的 HS4 位商品编码及具体商品描述对照表

HS2 编码	编码描述
0303	冻鱼,但品目 0304 的鱼片及其他鱼肉除外
0703	鲜或冷藏的洋葱、青葱、大蒜、韭葱及其他葱属蔬菜
0714	鲜、冷、冻或干的木薯、竹芋、兰科植物块茎、菊芋、甘薯及含有高淀粉或菊粉的类似根茎,不论是否切片或制成团粒;西谷茎髓
0808	鲜的苹果、梨及榅桲
0810	其他鲜果
1201	大豆,不论是否破碎
1511	棕榈油及其分离品,不论是否精制,但未经化学改性
2515	大理石、石灰华及其他石灰质碑用或建筑用石,表观比重为 2.5 及以上,蜡石,不论是否粗加修整或仅用锯或其他方法切割成矩形(包括正方形)的板、块
2516	花岗岩、斑岩、玄武岩、砂岩以及其他碑用或建筑用石,不论是否粗加修整或仅用锯或其他方法切割成矩形(包括正方形)的板、块
2601	铁矿砂及其精矿,包括焙烧黄铁矿
2603	铜矿砂及其精矿
2616	贵金属矿砂及其精矿
2701	煤;煤砖、煤球及用煤制成的类似固体燃料
2702	褐煤,不论是否制成型,但不包括黑玉
2704	煤、褐煤或泥煤制成的焦炭及半焦炭,不论是否制成型;甑炭
2707	蒸馏高温煤焦油所得的油类及其他产品;芳族成分重量超过非芳族成分的类似产品
2709	石油原油及从沥青矿物提取的原油
2710	石油及从沥青矿物提取的油类,但原油除外;以上述油为基本成分(按重量计不低于 70%)的其他品目未列名制品;废油
2711	石油气及其他烃类气
2716	电力(选择性品目)
2844	放射性化学元素及放射性同位素(包括可裂变或可转换的化学元素及同位素)及其化合物;含上述产品的混合物及残渣
2902	环烃
2905	无环醇及其卤化、磺化、硝化或亚硝化衍生物
3104	矿物钾肥及化学钾肥
3206	其他着色料;本章注释三所述的制品,但品目 3203、3204 及 3205 的货品除外;用作发光体的无机产品,不论是否已有化学定义

（续表）

HS2 编码	编码描述
3901	初级形状的乙烯聚合物
3926	其他塑料制品及品目 3901 至 3914 所列其他材料的制品
4001	天然橡胶、巴拉塔胶、古塔波胶、银胶菊胶、糖胶树胶及类似的天然树胶,初级形状或板、片、带
4002	合成橡胶及从油类提取的油膏,初级形状或板、片、带;品目 4001 所列产品与本品目所列产品的混合物,初级形状或板、片、带
4011	新的充气橡胶轮胎
4202	衣箱、提箱、小手袋、公文箱、公文包、书包、眼镜盒、望远镜盒、照相机套、乐器盒、枪套及类似容器;旅行包、食品或饮料保温包、化妆包、帆布包、手提包、购物袋、钱夹、钱包、地图盒、烟盒、烟袋、工具包、运动包、瓶盒、首饰盒、粉盒、刀叉餐具盒及类似容器,用皮革或再生皮革、塑料片、纺织材料、钢纸或纸板制成,或者全部或主要用上述材料或纸包覆制成
4403	原木,不论是否去皮、去边材或粗锯成方
4407	经纵锯、纵切、刨切或旋切的木材,不论是否刨平、砂光或端部接合,厚度超过 6 毫米
4412	胶合板、单板饰面板及类似的多层板
4703	碱木浆或硫酸盐木浆,但溶解级的除外
5205	棉纱线(缝纫线除外),按重量计含棉量在 85% 及以上,非供零售用
5208	棉机织物,按重量计含棉量在 85% 及以上,每平方米重量不超过 200 克
5402	合成纤维长丝纱线(缝纫线除外),非供零售用,包括细度在 67 分特以下的合成纤维单丝
5407	合成纤维长丝纱线的机织物,包括品目 5404 所列材料的机织物
5513	合成纤维短纤纺制的机织物,按重量计合成纤维短纤含量在 85% 以下,主要或仅与棉混纺,每平方米重量不超过 170 克
5903	用塑料浸渍、涂布、包覆或层压的纺织物,但品目 5902 的货品除外
6006	其他针织或钩编织物
6103	针织或钩编的男式西服套装、便服套装、上衣、长裤、护胸背带工装裤、马裤及短裤(游泳裤除外)
6104	针织或钩编的女式西服套装、便服套装、上衣、连衣裙、裙子、裙裤、长裤、护胸背带工装裤、马裤及短裤(游泳服除外)
6110	针织或钩编的套头衫、开襟衫、马甲(背心)及类似品
6204	女式西服套装、便服套装、上衣、连衣裙、裙子、裙裤、长裤、护胸背带工装裤、马裤及短裤(游泳裤除外)

(续表)

HS2 编码	编码描述
6212	胸罩、束腰带、紧身胸衣、吊裤带、吊袜带、束袜带和类似品及其零件,不论是否针织或钩编的
6402	橡胶或塑料制外底及鞋面的其他鞋靴
6403	橡胶、塑料、皮革或再生革制外底,皮革制鞋面的鞋靴
6404	橡胶、塑料、皮革或再生皮革制外底,用纺织材料制鞋面的鞋靴
6802	已加工的碑石或建筑用石(不包括板岩)及其制品,但品目 6801 的货品除外;天然石料(包括板岩)制的镶嵌石(马赛克)及类似品,不论是否有衬背;天然石料(包括板岩)制的人工染色石粒、石片及石粉
6910	陶瓷洗涤槽、脸盆、脸盆座、浴缸、坐浴盆、抽水马桶、水箱、小便池及类似的固定卫生设备
7102	钻石,不论是否加工,但未镶嵌
7103	宝石(钻石除外)或半宝石,不论是否加工或分级,但未成串或镶嵌;未分级的宝石(钻石除外)或半宝石,为便于运输而暂穿成串
7108	金(包括镀铂的金),未锻造、半制成或粉末状
7210	宽度在 600 毫米及以上的铁或非合金钢平板轧材,经包覆、镀层或涂层
7225	其他合金钢平板轧材,宽度在 600 毫米及以上
7228	其他合金钢条、杆;其他合金钢角材、型材及异型材;合金钢或非合金钢制的空心钻钢
7304	无缝钢铁管及空心异型材(铸铁的除外)
7308	钢铁结构体(品目 9406 的活动房屋除外)及其部件(例如,桥梁及桥梁体段、闸门、塔楼、格构杆、屋顶、屋顶框架、门窗及其框架、门槛、百叶窗、栏杆、支柱及立柱);上述结构体用的已加工钢铁板、杆、角材、型材、异型材、管子及类似品
7403	未锻轧的精炼铜及铜合金
7502	未锻轧镍
7606	铝板、片及带,厚度超过 0.2 毫米
8402	蒸汽锅炉(能产生低压水蒸气的集中供暖用的热水锅炉除外);过热水锅炉
8415	空气调节器,装有电扇及调温、调湿装置,包括不能单独调湿的空调器
8419	利用温度变化处理材料的机器、装置及类似的实验室设备,例如,加热、烹煮、烘炒、蒸馏、精馏、消毒、灭菌、汽蒸、干燥、蒸发、汽化、冷凝、冷却的机器设备,不论是否电热的(不包括品目 8514 的炉、烘箱及其他设备),但家用除外;非电热的快速热水器或贮备式热水器
8421	离心机,包括离心干燥剂;液体或气体的过滤、净化机器及装置

（续表）

HS2 编码	编码描述
8426	船用桅杆式起重机；起重机，包括缆式起重机；移动式吊运架、跨运车及装有起重机的工作车
8429	机动推土机、侧铲推土机、筑路机、平地机、铲运机、机械铲、挖掘机、机铲装载机、捣固机械及压路机
8430	泥土、矿物或矿石的运送、平整、铲运、挖掘、捣固、压实、开采或钻探机械；打桩机及拔桩机；扫雪机及吹雪机
8471	自动数据处理设备及其部件；其他品目未列名的磁性或光学阅读机、将数据以代码形式转录到数据记录媒体的机器及处理这些数据的机器
8473	专用于或主要用于品目 8470 至 8472 所列机器的零件、附件（罩套、提箱及类似品除外）
8481	用于管道、锅炉、罐、桶或类似品的龙头、旋塞、阀门及类似装置，包括减压阀及恒温控制阀
8486	专用于或主要用于制造半导体单晶柱或晶圆、半导体器件、集成电路或平板显示器的机器及装置；本章注释九（三）规定的机器及装置；零件及附件
8504	变压器、静止式变流器（例如，整流器）及电感器
8512	自行车或机动车辆用的电气照明或信号装置（品目 8539 的物品除外）、风挡刮水器、除霜器及去雾器
8516	电热的快速热水器、储存式热水器、浸入式液体加热器；电气空间加热器及土壤加热器；电热的理发器具（例如，电吹风机、电卷发机、电热发钳）及干手器；电熨斗；其他家用电热器具；加热电阻器，但品目 8545 的货品除外
8517	电话机，包括用于蜂窝网络或其他无线网络的电话机；其他发送或接收声音、图像或其他数据用的设备，包括有线或无线网络（例如，局域网或广域网）的通信设备，但品目 8443、8525、8527 或 8528 的发送或接收设备除外
8518	传声器（麦克风）及其座架；扬声器，不论是否装成音箱；耳机、耳塞机，不论是否装有传声器，以及由传声器及一个或多个扬声器组成的组合机；音频扩大器；电器扩音机组
8528	监视器及投影机，未装电视接收装置；电视接收装置，不论是否装有无线电收音装置或声音、图像的录制或重放装置
8529	专用于或主要用于品目 8525 至 8528 所列装置或设备的零件
8536	电路的开关、保护或连接用的电器装置（例如，开关、继电器、熔断器、电涌抑制器、插头、插座、灯座及其他连接器、接线盒），用于电压不超过 1 000 伏的线路；光导纤维、光导纤维束或光缆用连接器

（续表）

HS2 编码	编码描述
8537	用于电器控制或电力分配的盘、板、台、柜及其他基座,装有两个或多个品目8535或8536所列的装置,包括装有第九十章所列仪器或装置,以及数控装置,但品目8517的交换机除外
8541	二极管、晶体管及类似的半导体器件;光敏半导体器件,包括不论是否装在组件内或组装成块的光电池;发光二极管(LED);已装配的压电晶体(＋)
8542	集成电路
8544	绝缘(包括漆包或阳极化处理)电线、电缆(包括同轴电缆)及其他绝缘电导体,不论是否有接头;由多根具有独立保护套的光纤组成的光缆,不论是否与电导体装配或装有接头
8703	主要用于载人的机动车辆品目8702的货品除外,包括旅行小客车及赛车
8708	机动车辆的零件、附件,品目8701至8705所列车辆用
8712	自行车及其他非机动脚踏车(包括运货三轮脚踏车)
8802	其他航空器(例如,直升机、飞机);航天器(包括卫星)及运载工具,亚轨道运载工具
8901	巡航船、游览船、渡船、货船、驳船及类似的客运或货运船舶
8905	灯船、消防船、挖泥船、起重船及其他不以航行为主要功能的船舶;浮船坞;浮动或潜水式钻探或生产平台
9013	其他品目未列名的液晶装置;激光器,但激光二极管除外;本章其他品目未列名的光学仪器及器具
9403	其他家具及其零件
9405	其他品目未列名的灯具及照明装置,包括探照灯、聚光灯及其零件;装有固定光源的发光标志、发光铭牌及类似品,以及其他品目未列名的这些货品的零件
9503	三轮车、单脚滑行车、踏板车、踏板汽车及类似的带轮玩具;玩偶车;玩偶;其他玩具;缩小(按比例缩小)的模型及类似的娱乐用模型,不论是否活动;各种智力玩具
9804	低值简易通关商品

附表 1-4　　　本书中涉及的 HS6 位商品编码及具体商品描述对照表

HS2 编码	编码描述
120190	其他大豆,不论是否破碎
271111	液化天然气
271112	液化丙烷
382200	诊断或实验用试剂及配制试剂;检定参照物
382499	未列名化学工业及其相关工业的化学产品及配制品
392690	其他塑料制品
520100	未梳的棉花
847150	子目 847141 及 847149 以外的处理部件
847330	品目 8471 所列其他机器的零件、附件
850440	静止式变流器
851762	接收、转换且发送或再生声音等数据的设备
852872	在设计上带有视频显示器或屏幕的彩色电视接收装置
854370	其他具有独立功能的设备及装置
870323	仅装有点燃往复式活塞内燃发动机的其他机动车辆,1.5 升<排量≤3 升
870380	仅装有驱动电动机的主要用于载人的机动车
870840	机动车辆用变速箱
870870	机动车辆的车轮及其零件、附件
880240	飞机等航空器,空载重量>15 吨
940161	带软垫的木框架坐具
940540	其他电灯及照明装置

附录二 数据统计表

注:以下统计表中进口额、出口额、贸易额、直接投资流量、存量的单位均为亿美元。

附表 2-1   2014—2018 年中国与沿线国家贸易额

	2014 年	2015 年	2016 年	2017 年	2018 年
贸易总额	11 204.6	10 023.7	9 535.9	10 914.4	12 686.7
出口额	6 370.2	6 142.9	5 874.8	6 377.6	7 059.1
进口额	4 834.4	3 880.8	3 661.1	4 536.8	5 627.6

(数据来源:中国海关)

附表 2-2   2018 年中国在沿线国家的前二十位贸易伙伴国

排名	国家	贸易额	中国对沿线国家出口额	中国自沿线国家进口额
1	越南	1 480.8	840.7	640.1
2	马来西亚	1 088.6	455.9	632.8
3	俄罗斯	1 068.3	480.2	588.1
4	印度	956.7	768.3	188.4
5	泰国	878.2	429.8	448.5
6	新加坡	828.3	492.9	335.4
7	印度尼西亚	773.9	432.6	341.3
8	沙特阿拉伯	634.1	175.2	458.9
9	菲律宾	557.4	351.2	206.2
10	阿联酋	460.0	297.7	162.3
11	伊朗	350.7	139.7	211.0
12	伊拉克	304.0	79.2	224.8
13	波兰	245.1	208.6	36.5

（续表）

排名	国家	贸易额	中国对 沿线国家出口额	中国自 沿线国家进口额
14	阿曼	216.8	28.8	188.0
15	土耳其	216.0	178.4	37.7
16	哈萨克斯坦	199.0	113.7	85.3
17	巴基斯坦	191.1	169.3	21.8
18	孟加拉国	187.5	177.6	9.9
19	科威特	186.8	33.3	153.6
20	捷克	162.2	118.1	44.1

（数据来源：中国海关）

附表 2-3　　　　按贸易主体分类 2014—2018 年中国对沿线国家出口额

类别	2014 年	2015 年	2016 年	2017 年	2018 年
民营企业	3 664.2	3 594.2	3 454.2	3 737.0	4 144.9
外资企业	1 834.3	1 719.5	1 631.6	1 803.6	1 970.9
国有企业	862.3	816.0	767.1	818.7	925.8
其他企业	9.3	13.2	21.9	18.3	17.6

（数据来源：中国海关）

附表 2-4　　　　按贸易主体分类 2014—2018 年中国自沿线国家进口额

类别	2014 年	2015 年	2016 年	2017 年	2018 年
国有企业	2 053.6	1 363.9	1 156.0	1 573.8	2 125.8
外资企业	1 601.4	1 421.9	1 356.3	1 582.7	1 791.5
民营企业	1 172.3	1 023.7	1 032.6	1 260.8	1 592.1
其他企业	7.1	71.4	116.2	119.5	118.2

（数据来源：中国海关）

附表 2-5　　　　　按贸易方式分类 2014—2018 年中国对沿线国家出口额

类别	2014 年	2015 年	2016 年	2017 年	2018 年
一般贸易	4 064.9	3 948.2	3 727.7	4 011.7	4 651.9
进料加工贸易	1 150.3	1 070.1	1 020.0	1 080.7	1 153.1
其他贸易方式	605.6	679.6	711.1	785.3	758.9
边境小额贸易	362.6	297.2	255.8	293.1	308.7
来料加工装配贸易	186.7	147.8	160.2	206.8	186.6

（数据来源：中国海关）

附表 2-6　　　　　按贸易方式分类 2014—2018 年中国自沿线国家进口额

类别	2014 年	2015 年	2016 年	2017 年	2018 年
一般贸易	2 947.9	2 182.0	2 039.2	2 715.6	3 562.7
其他贸易方式	807.3	793.8	779.5	871.6	990.1
进料加工贸易	704.9	569.2	523.2	621.7	763.3
来料加工装配贸易	279.4	267.5	251.6	241.5	219.8
边境小额贸易	95.0	68.4	67.6	86.4	91.6

（数据来源：中国海关）

附表 2-7　　按运输方式分类 2014—2018 年中国对沿线国家出口额

类别	2014 年	2015 年	2016 年	2017 年	2018 年
水路运输	4 765.1	4 715.9	4 488.5	4 681.9	5 104.7
公路运输	849.8	697.3	665.0	775.6	923.8
航空运输	613.8	600.1	574.9	741.6	822.6
铁路运输	129.9	106.4	115.8	155.7	183.1
其他运输	9.6	15.3	23.2	18.1	20.5
邮件运输	2.0	7.9	7.4	4.8	4.4

（数据来源：中国海关）

附表 2-8　　按运输方式分类 2014—2018 年中国自沿线国家进口额

类别	2014 年	2015 年	2016 年	2017 年	2018 年
水路运输	3 180.2	2 377.1	2 127.1	2 741.9	3 450.0
公路运输	536.1	501.7	536.5	629.0	806.1
航空运输	652.4	611.2	606.4	713.8	728.2
其他运输	343.3	282.3	269.6	325.3	499.9
铁路运输	122.3	108.4	121.3	126.6	143.1
邮件运输	0.1	0.1	0.1	0.1	0.3

（数据来源：中国海关）

附表 2-9　　　2014—2018 年中国对沿线国家出口额前二十位 HS2 编码商品

排名	2014 年		2015 年		2016 年		2017 年		2018 年	
	HS2 编码	出口额	HS2 编码	出口额	HS2 编码	出口额	HS2 编码	出口额	HS2 编码	出口额
1	85 章	1 128.0	85 章	1 170.6	85 章	1 165.9	85 章	1 389.2	85 章	1 580.5
2	84 章	985.6	84 章	925.8	84 章	920.0	84 章	995.2	84 章	1 101.5
3	94 章	259.2	72 章	250.9	72 章	237.2	39 章	220.6	72 章	252.6
4	72 章	255.9	94 章	236.5	39 章	200.7	72 章	218.5	39 章	249.3
5	61 章	249.7	73 章	205.5	94 章	193.4	87 章	206.7	73 章	233.2
6	39 章	220.4	61 章	202.8	87 章	189.7	73 章	194.7	87 章	215.6
7	73 章	216.2	39 章	201.9	73 章	186.0	94 章	189.0	29 章	215.2
8	87 章	215.6	87 章	201.8	61 章	171.2	90 章	188.8	27 章	214.1
9	62 章	194.6	62 章	175.7	90 章	167.6	29 章	176.2	94 章	194.1
10	90 章	172.4	90 章	170.4	62 章	156.7	62 章	170.8	90 章	187.6
11	64 章	170.8	29 章	150.1	29 章	149.2	27 章	161.0	62 章	161.9
12	29 章	163.4	64 章	149.0	64 章	133.0	61 章	153.2	61 章	153.2
13	27 章	144.8	69 章	114.6	27 章	115.7	64 章	143.1	64 章	136.1
14	69 章	102.8	27 章	108.0	54 章	96.4	54 章	103.8	54 章	120.2
15	54 章	91.9	76 章	96.6	52 章	92.9	60 章	102.9	60 章	117.9
16	52 章	90.0	54 章	92.4	60 章	88.6	95 章	97.7	95 章	100.8
17	76 章	88.4	52 章	91.7	69 章	84.0	52 章	96.0	52 章	98.0
18	63 章	82.2	89 章	88.9	76 章	83.9	69 章	81.3	76 章	95.4
19	55 章	80.0	60 章	84.5	55 章	76.6	76 章	74.6	69 章	90.1
20	60 章	75.6	55 章	81.7	95 章	75.1	55 章	74.1	55 章	79.4

（数据来源：中国海关）

附表 2-10　　2014—2018 年中国自沿线国家进口额前二十位 HS2 编码商品

排名	2014 年		2015 年		2016 年		2017 年		2018 年	
	HS2 编码	出口额	HS2 编码	出口额	HS2 编码	出口额	HS2 编码	出口额	HS2 编码	出口额
1	27 章	2 057.7	27 章	1 306.8	27 章	1 109.9	27 章	1 489.5	27 章	2 117.7
2	85 章	718.1	85 章	759.4	85 章	772.0	85 章	908.4	85 章	1 068.6
3	84 章	256.7	84 章	236.2	84 章	232.9	84 章	248.2	84 章	284.9
4	39 章	215.0	39 章	185.3	39 章	168.3	39 章	200.5	39 章	248.1
5	26 章	213.7	29 章	148.6	26 章	128.7	29 章	177.0	29 章	247.6
6	29 章	192.2	26 章	135.7	29 章	126.0	26 章	169.9	26 章	186.0
7	71 章	169.1	71 章	79.2	98 章	112.2	98 章	166.2	98 章	116.1
8	40 章	98.4	44 章	79.1	90 章	87.2	40 章	122.2	90 章	115.2
9	44 章	95.7	40 章	78.2	71 章	84.6	90 章	101.5	74 章	108.3
10	74 章	82.9	98 章	70.0	44 章	83.3	44 章	93.2	40 章	103.4
11	52 章	73.8	90 章	68.9	40 章	77.3	74 章	87.1	44 章	95.6
12	15 章	66.1	74 章	68.5	74 章	54.7	15 章	64.8	87 章	90.3
13	90 章	61.9	52 章	64.1	15 章	54.5	87 章	62.8	71 章	68.3
14	87 章	50.0	15 章	60.1	87 章	53.0	52 章	54.1	15 章	64.1
15	25 章	37.4	87 章	41.2	52 章	49.4	72 章	41.7	52 章	59.5
16	38 章	35.7	28 章	34.9	25 章	28.2	71 章	39.4	72 章	48.1
17	28 章	32.6	25 章	33.7	08 章	27.1	25 章	35.8	25 章	43.9
18	08 章	27.8	08 章	31.2	38 章	26.3	28 章	33.8	03 章	43.2
19	47 章	22.9	10 章	26.6	28 章	26.3	47 章	32.5	47 章	41.2
20	07 章	22.3	38 章	24.6	03 章	23.4	08 章	29.1	08 章	41.0

（数据来源：中国海关）

附表 2-11　　2014—2018 年中国对沿线国家出口额前二十位 HS4 编码商品

排名	2014 年		2015 年		2016 年		2017 年		2018 年	
	HS2 编码	出口额	HS2 编码	出口额	HS2 编码	出口额	HS2 编码	出口额	HS2 编码	出口额
1	8517 目	343.1	8517 目	368.8	8517 目	386.1	8517 目	486.2	8517 目	540.5
2	8471 目	210.2	8471 目	182.9	8471 目	163.0	8471 目	192.0	8471 目	217.2
3	2710 目	110.8	9405 目	97.9	2710 目	94.7	8542 目	134.4	8542 目	188.1
4	9405 目	106.6	8542 目	94.9	9013 目	84.4	2710 目	128.7	2710 目	172.3
5	6402 目	97.8	9013 目	87.2	8542 目	82.6	8541 目	80.6	8541 目	88.0
6	8542 目	91.6	6402 目	85.4	9405 目	82.0	9405 目	81.7	9405 目	83.0
7	9013 目	90.6	2710 目	77.4	6402 目	80.7	9013 目	93.8	9013 目	82.5
8	6104 目	87.6	7228 目	77.0	7228 目	69.1	5407 目	72.7	5407 目	81.7
9	9403 目	79.4	9403 目	73.0	5407 目	69.0	8528 目	71.8	8528 目	81.3
10	8528 目	70.2	5407 目	66.7	8528 目	68.2	8708 目	69.1	8708 目	73.7
11	8708 目	68.2	8541 目	65.1	8541 目	67.1	6402 目	85.1	6402 目	73.3
12	4202 目	67.0	4202 目	64.2	8708 目	63.4	7210 目	62.4	7210 目	72.6
13	5407 目	64.9	6104 目	64.1	4202 目	57.6	9503 目	62.2	9503 目	65.1
14	7228 目	64.7	8528 目	64.0	9403 目	56.2	8504 目	62.2	8504 目	64.4
15	6204 目	62.0	8708 目	63.5	8504 目	56.1	4202 目	63.8	4202 目	64.3
16	8504 目	61.8	8504 目	61.3	6204 目	54.4	8473 目	58.0	8473 目	63.7
17	8473 目	55.7	6204 目	60.9	7210 目	52.3	6006 目	56.6	6006 目	63.2
18	7210 目	54.6	8544 目	52.2	8544 目	51.8	8544 目	57.8	8544 目	62.3
19	3926 目	51.1	8473 目	51.7	6104 目	50.4	8415 目	56.1	8415 目	59.6
20	7225 目	50.7	8901 目	50.2	8415 目	49.9	7225 目	53.2	7225 目	58.2

（数据来源：中国海关）

附表 2-12　　2014—2018 年中国自沿线国家进口额前二十位 HS4 编码商品

排名	2014 年		2015 年		2016 年		2017 年		2018 年	
	HS2 编码	出口额	HS2 编码	出口额	HS2 编码	出口额	HS2 编码	出口额	HS2 编码	出口额
1	2709 目	1 526.3	2709 目	917.5	2709 目	780.5	2709 目	1 017.2	2709 目	1 512.6
2	8542 目	438.1	8542 目	457.0	8542 目	456.4	8542 目	481.8	8542 目	523.7
3	2711 目	260.9	2711 目	195.0	2711 目	159.3	2711 目	212.6	2711 目	311.9
4	7103 目	129.1	3901 目	98.8	9804 目	112.2	8517 目	132.8	8517 目	199.1
5	3901 目	110.5	8471 目	89.8	8471 目	98.4	9804 目	116.2	3901 目	143.6
6	2710 目	109.1	9804 目	70.0	3901 目	93.0	3901 目	113.8	8471 目	121.6
7	8471 目	99.4	2905 目	67.1	8517 目	57.0	8471 目	102.0	9804 目	116.0
8	2601 目	80.8	2710 目	58.7	8541 目	54.7	2710 目	72.6	2710 目	100.3
9	2905 目	75.8	8541 目	52.3	2905 目	50.5	2905 目	72.3	2905 目	93.3
10	2701 目	68.7	8517 目	51.3	2710 目	45.0	2701 目	69.4	2902 目	91.9
11	2902 目	64.6	5205 目	51.2	4407 目	44.1	7403 目	62.6	7403 目	82.2
12	7403 目	59.9	7403 目	50.2	2603 目	43.5	4002 目	57.9	2701 目	81.4
13	8541 目	56.4	2902 目	45.6	2707 目	42.1	2902 目	56.8	2603 目	63.7
14	2603 目	52.6	2715 目	42.9	2701 目	41.9	8541 目	55.8	8541 目	61.4
15	8473 目	49.6	2603 目	42.6	7403 目	40.7	4407 目	55.1	4407 目	56.8
16	4001 目	49.1	8473 目	40.5	5205 目	40.6	2601 目	54.1	8703 目	55.0
17	5205 目	48.4	4001 目	38.6	2902 目	40.5	2603 目	51.8	4002 目	51.2
18	1511 目	43.8	1511 目	37.0	2601 目	35.8	9801 目	50.1	8529 目	49.6
19	3902 目	42.9	4407 目	36.3	4001 目	33.0	4001 目	48.7	2702 目	49.4
20	4403 目	39.1	3902 目	34.3	8473 目	30.4	2707 目	48.4	5205 目	49.4

（数据来源：中国海关）

附表 2-13   2018 年中国各省区市与沿线国家贸易额

排名	省区市	贸易额	对沿线国家出口额	自沿线国家进口额
1	广东省	2 443.4	1 485.3	958.1
2	北京市	1 727.1	340.5	1 386.6
3	江苏省	1 478.5	982.0	496.5
4	浙江省	1 359.5	1 034.3	325.3
5	上海市	1 061.4	477.0	584.4
6	山东省	783.6	428.0	355.5
7	福建省	596.5	358.2	238.2
8	广西壮族自治区	345.9	206.5	139.4
9	辽宁省	303.3	108.8	194.4
10	天津市	271.4	175.5	95.9
11	四川省	250.7	191.9	58.8
12	云南省	215.1	84.3	130.8
13	黑龙江省	214.3	24.0	190.3
14	重庆市	183.4	110.8	72.7
15	河南省	178.8	117.5	61.3
16	新疆维吾尔自治区	170.4	145.2	25.2
17	河北省	163.8	133.6	30.2
18	安徽省	147.6	111.8	35.8
19	湖北省	146.2	120.0	26.2
20	江西省	143.1	125.5	17.6
21	湖南省	122.4	102.8	19.6
22	内蒙古自治区	106.1	33.0	73.1
23	陕西省	60.2	52.4	7.8
24	吉林省	57.5	14.9	42.6
25	海南省	48.4	25.3	23.1
26	山西省	46.4	31.6	14.8
27	甘肃省	26.3	9.2	17.1
28	贵州省	18.2	14.0	4.2
29	宁夏回族自治区	11.2	9.9	1.3
30	西藏自治区	4.0	3.8	0.2
31	青海省	1.9	1.4	0.5

（数据来源：中国海关）

附表 2-14　　　　　2013—2017 年中国对沿线国家直接投资流量、存量

项目	2013 年	2014 年	2015 年	2016 年	2017 年
直接投资流量	126.3	136.6	189.3	153.4	201.7
直接投资存量	720.2	924.6	1 156.8	1 294.1	1 544.0

（数据来源：《2017 年度中国对外直接投资统计公报》）

附表 2-15　　　2013—2017 年中国对沿线国家直接投资流量排名前二十位的国家

排名	国家	2013 年	2014 年	2015 年	2016 年	2017 年
1	新加坡	20.3	28.1	104.5	31.7	63.2
2	哈萨克斯坦	8.1	−0.4	−25.1	4.9	20.7
3	马来西亚	6.2	5.2	4.9	18.3	17.2
4	印度尼西亚	15.6	12.7	14.5	14.6	16.8
5	俄罗斯	10.2	6.3	29.6	12.9	15.5
6	老挝	7.8	10.3	5.2	3.3	12.2
7	泰国	7.6	8.4	4.1	11.2	10.6
8	越南	4.8	3.3	5.6	12.8	7.6
9	柬埔寨	5.0	4.4	4.2	6.3	7.4
10	巴基斯坦	1.6	10.1	3.2	6.3	6.8
11	阿联酋	2.9	7.1	12.7	−3.9	6.6
12	缅甸	4.8	3.4	3.3	2.9	4.3
13	印度	1.5	3.2	7.1	0.9	2.9
14	土耳其	1.8	1.0	6.3	−1.0	1.9
15	科威特	−0.01	1.6	1.4	0.5	1.8
16	以色列	0.02	0.5	2.3	18.4	1.5
17	白俄罗斯	0.3	0.6	0.5	1.6	1.4
18	吉尔吉斯斯坦	2.0	1.1	1.5	1.6	1.2
19	菲律宾	0.5	2.2	−0.3	0.3	1.1
20	孟加拉国	0.4	0.3	0.3	0.4	1.0

（数据来源：《2017 年度中国对外直接投资统计公报》）

附表 2-16　　2017 年中国对沿线国家直接投资存量排名前二十位的国家

排名	国家	2013 年	2014 年	2015 年	2016 年	2017 年
1	新加坡	147.5	206.4	319.8	334.5	445.7
2	俄罗斯	75.8	86.9	140.2	129.8	138.7
3	印度尼西亚	46.6	67.9	81.3	95.5	105.4
4	哈萨克斯坦	69.6	75.4	51.0	54.3	75.6
5	老挝	27.7	44.9	48.4	55.0	66.5
6	巴基斯坦	23.4	37.4	40.4	47.6	57.2
7	缅甸	35.7	39.3	42.6	46.2	55.2
8	柬埔寨	28.5	32.2	36.8	43.7	54.5
9	阿联酋	15.1	23.3	46.0	48.9	53.7
10	泰国	24.7	30.8	34.4	45.3	53.6
11	越南	21.7	28.7	33.7	49.8	49.7
12	马来西亚	16.7	17.9	22.3	36.3	49.1
13	印度	24.5	34.1	37.7	31.1	47.5
14	以色列	0.3	0.9	3.2	42.3	41.5
15	伊朗	28.5	34.8	29.5	33.3	36.2
16	蒙古	33.5	37.6	37.6	38.4	36.2
17	沙特阿拉伯	17.5	19.9	24.3	26.1	20.4
18	塔吉克斯坦	6.0	7.3	9.1	11.7	16.2
19	土耳其	6.4	8.8	13.3	10.6	13.0
20	吉尔吉斯斯坦	8.9	9.8	10.7	12.4	13.0

(数据来源:《2017 年度中国对外直接投资统计公报》)

附表 2-17　　2014—2018 年沿线国家对中国实际投入金额及新设企业数量

项目	2014 年	2015 年	2016 年	2017 年	2018 年
实际投入外资金额	68.3	84.6	70.6	55.6	64.5
投资设立企业数(家)	1 829	2 164	2 905	3 857	4 479

(数据来源:中国商务部)

附表 2-18　　2018 年沿线国家对中国直接投资流量前二十位的国家

排名	国家	直接投资流量
1	新加坡	47.63
2	印度	1.58
3	泰国	1.10
4	马来西亚	1.08
5	印度尼西亚	0.41
6	乌克兰	0.27
7	文莱	0.26
8	俄罗斯	0.24
9	立陶宛	0.24
10	柬埔寨	0.15
11	沙特阿拉伯	0.15
12	科威特	0.15
13	阿联酋	0.14
14	老挝	0.11
15	叙利亚	0.09
16	白俄罗斯	0.08
17	捷克	0.08
18	以色列	0.08
19	罗马尼亚	0.07
20	土耳其	0.07

(数据来源:《中国外资统计公报 2018》)